봉건제론: 역사학 비판

공감개론신서 11

봉건제론: 역사학 비판

윤소영 지음

공감

공감개론신서 11
봉건제론: 역사학 비판
윤소영 지음

인쇄일 2013년 10월 25일
발행일 2013년 10월 31일

도서출판 공감
발행인 이범수
출판등록 22-1006 (1996. 5. 14.)
서울시 마포구 망원동 421-34
전화 02-323-8124 / 팩스 02-323-8126
전자우편 alba21@naver.com

ISBN 978-89-86939-49-1 03320

서문

> 천하가 붕괴하여 인심이 우매할 때, 홀로 천리를 깨우쳐 치란을 다툰다. — 왕부지
>
> 천하의 흥망에는 개인도 책임이 있다. — 고염무

이 책은 올해 4-9월에 과천연구실에서 진행된 세미나를 정리한 것이다. 『봉건제론』이라는 제목에 추가한 '역사학 비판'이라는 부제는 자본주의론과 사회주의론을 대상으로 한 『역사학 비판』(공감, 2012)의 속편이라는 의미인데, 여기서 사회주의란 법인자본주의의 추격에 실패한 국가자본주의일 따름이다.

『역사학 비판』과 마찬가지로 『봉건제론』을 집필한 직접적 동기는 정세 인식과 역사 인식이 무관한 것은 아니라는 사실에 있다. 『2010-12년 정세분석』(공감, 2013)에서 설명한 것처럼, 2007-09년 금융위기는 이미 '2차 대불황', 좀 더 쉽게 말해서 자본주의의 붕괴로 심화되고 있는 중이기 때문이다.

이 책에는 또 다른 의미도 있다. 2007년 봄에 고려대학교 대학원 총학생회가 주최하여 『일반화된 마르크스주의의 쟁점들』(공감, 2007)과 『일반화된 마르크스주의의 경계들』(공감, 2007)을 텍스트로 진행한 강의의 녹취록을 『일반화된 마르크스주의 세미나』로 출판하려던 계획을 대체하는 것이기도 하기 때문이다.

『일반화된 마르크스주의 세미나』를 유보하게 된 이유는 2007-09년 금융위기를 분석하기 위해 출판 계획을 미루던 지난 몇 년 동안 중국과 서양의 봉건제에 대한 인식이 좀 더 체계화되면서 이른바 '기축시대'(Achsenzeit, Axial Age) 이후 중국사상사와 서양철학사에 대한 관점도 좀 더 분명해졌기 때문이다.

『일반화된 마르크스주의 세미나』를 준비하는 데 당시 고대 원총의 여러 임원이 수고해주었다. 비록 강의록의 출판은 무산되었으나, 유승익 회장, 김민수 학정국장, 곽윤주 학정부장, 이정옥 기획부장, 김정혜 학술1부장, 김동혁 학술2부장에게 이 자리를 빌어서 깊이 감사드린다.

* * *

자본주의의 역사처럼 봉건제의 역사도 '개념적으로 설명된 역사'(histoire raisonnée, reasoned history), 즉 '논리적 역사'일 수 있다. '인간의 해부학이 원숭이의 해부학의 열쇠다'라는 마르크스의 주장은 자본주의의 역사처럼 봉건제의 역사도 역사과학으로 분석할 수 있다는 의미이기 때문이다.

영국·미국을 표준으로 자본주의의 역사를 개념적으로 설명하는 것처럼 중국을 표준으로 봉건제의 역사를 개념적으로 설명할 수 있다. 또 자본주의의 역사동역학(historical dynamics)을 자본생산성·이윤율의 하락으로 제시하는 것처럼 봉건제의 역사동역학도 토지생산성·지대율의 하락으로 제시할 수 있다.

영미자본주의에 적합한 이론적 이데올로기가 경제학인 것처럼 중국 봉건제에 적합한 이론적 이데올로기는 유가사상이었다고 할 수 있는데, 그 핵심은 경세사학이었다. 1919년 5·4운동을 계기로 출현한 중국마르크스주의가 불과 한 세대만에 1949년 중국혁명으로 귀결될 수 있었던 것은 경세사학 덕분이기도 했다.

나아가 유럽자본주의를 영미자본주의의 변이(Variation/Abstufung, variation/gradation)로 설명하는 것처럼 로마-비잔티움의 봉건제를 중국봉건제의 변이로 설명할 수 있다. 그러나 유럽사회학이 영미경제학의 변이는 아닌 것처럼 로마-비잔티움의 기독교계시종교도 중국경세사학의 변이라고 할 수는 없다.

고려부터 조선까지 1000년 동안의 한국봉건제도 역시 진한부터 명청까지 2000년 동안의 중국봉건제의 변이로 설명할 수 있다. 한국유가사상도 물론 중국유가사상의 변이였는데, 다만 신라주의와 고구려주의의 논쟁 때문에 경세사학은 발전할 수 없었고 그 결과 마르크스주의의 발전도 기형적·불구적일 수밖에 없었다.

* * *

공자·맹자 이후 중국사상사에서 가장 결정적인 사건은 '하늘이 무너지고 땅이 갈라지는' 명청교체기에 실사구시지학(實事求是之學), 즉 실학이 출현한 것이었다. '이 황제는 언제 죽으려나 너와 함께 나도 죽겠노라'던 인심을 비판하면서 왕부지·고염무가 제출한 근엄(謹嚴, 신중·의연)한 명제를 제사(題詞)로 인용해둔다.

2013년 10월

윤 소 영

차례

중국사학사

먼저 고국항의 『중국고대사학사 개요』(1985; 국역: 『중국사학사』, 풀빛, 1998)와 조매춘의 『20세기 중국통사편찬 연구』(2007; 국역: 동북아역사재단 내부자료)를 중심으로 중국사학사를 개관해보겠습니다. 아울러 후외로의 『중국사상사강(綱)』(1980-81; 국역: 『중국철학사』, 일월서각, 1988-91)도 참고하겠어요.

춘추전국시대: 공자와 좌구명

30세에 행단강학(杏壇講學, 살구나무로 만든 강단에서 경학을 해설하다)으로 사학(私學)을 창시한 공자는 저술에는 별다른 관심을 갖지 않았습니다. 그러나 55세부터 68세까지 주유천하(周遊天下, 천하를 두루 돌아다니며 유세하다)를 마친 다음에 말년의 5년 동안 술이부작(述而不作, 전술(傳述, 해설·전수)하되 창작하지 않는다)의 원칙에 따라 『시』(詩), 『서』(書), 『예』(禮), 『악』(樂), 『역』(易)을 편찬하고 『춘추』(春秋)를 저술했지요. 이것이 바로 유가의 여섯 경서인 육경이었는데, 『악』은 실전되었으므로 보통 오경이라고 불렀어요.

『시경』은 전례음악·민요의 가사집, 『서경』은 전적서, 『예경』은 전례서, 『악경』은 전례음악의 악보집, 『역경』은 점서였습니다. 또 『춘추경』은 기원전 722년부터 481년까지 노(魯)를 중심으로 춘추 시대의 역사를 기록한 사서였는데, 사마천에 따르면, 공자는 '후세에 나(孔丘)의 공을 알아줄 사람은 『춘추』로써 그럴 것이고, 나의 죄를 물을 사람도 역시 『춘추』로써 그럴 것이다'(世知丘者以春秋而罪丘者亦以春秋)라고 자부했지요.

물론 공자 이전에도 역사가 있었습니다. 제사와 정치가 분리되기 이전에는 무당이 역사를 암송했는데, 여자무당을 무(巫)라고 불렀고 남자무당을 축(祝)이나 격(覡)이라고 불렀지요. 반면 국가가 형성되고 제정이 분리되면서 사관(史官)이 역사를 기록했는데, 그것이 바로 『서경』이었어요.

무당이 암송한 역사는 조상신과 최고신의 계보였던 반면 사관이 기록한 역사는 정치와 전쟁이라는 사건이었습니다. 이렇게 역사의 내용이 변화하면서 역사관도 변화했는데, 무당에게는 신도(神道, 귀신의 인도(引導))가 중요했던 반면 사관에게는 천명(天命, 하늘의 명령인 운명)이 중요했지요. 공자에게도 물론 신도가 아니라 천명이 중요했고요. '공자는 괴력난신에 대해 말하지 않았다'(子不語怪力亂神)는 『논어』의 구절은 이런 의미였어요.

『서경』은 관찬(官撰) 사서였던 반면 『춘추경』은 사찬(私撰) 사서였습니다. 또 특별한 체재가 없었던 『서경』이 사서라기보다는 오히려 사료였다면, 『춘추경』은 편년체, 쉽게 말해서 연대기라는 체재를 채택했지요. 게다가 복고주의 역사관에 따라 '쓸 것은 쓰고 깎을 것은 깎는다'(筆則筆削則削)는 필삭(筆削)의 서술방법을 채택했는데, 이것이 바로 춘추필법이었어요.

사서의 체재(體裁)와 체례(體例)를 구별할 필요가 있습니다. 체재는 방금 설명한 편년체를 비롯해서 기전체·기사본말체·정서체·장절체 같은 사서의 형식을 의미했는데, 앞으로 차차 설명하겠어요. 반면 체례는 시대구분을 비롯해서 제목과 편차(編次, 서술순서)

같은 그 내용의 안배를 의미했지요.

그런데 『춘추경』의 서술은 너무 소략하여 공자 사후에 제자들 사이에서도 해석이 구구했습니다. 그래서 공자의 친구 좌구명이 그것을 10배의 분량으로 부연한 『춘추전』을 저술했지요. 전(傳)은 전(轉)과 동일한 의미로 경(經)을 해설·전수한다는 의미였어요. 또 좌구명은 역사적 사실을 '있는 그대로 쓰는'(直筆) 동시에 그것에 대한 평론인 사론(史論)을 추가하기도 했는데, 이런 전통은 사마천으로 계승되었지요.

좌구명의 『춘추전』 이외에도 공양고의 『춘추전』과 곡랑숙(일명 곡량적)의 『춘추전』도 있었습니다. 이것들을 '춘추삼전'이라고 불렀는데, 그 성격은 전혀 달랐지요. 특히 문제가 되었던 것은 좌구명과 공양고의 차이였는데, 그래서 둘을 구별하여 『춘추좌씨전』(또는 『좌씨전』)과 『춘추공양전』(또는 『공양전』)이라고 불렀어요. 공양고가 『춘추경』의 '미언대의'(微言大義, 짧은 말 속에 숨겨진 큰 뜻)를 해석하는 데 치중한 반면 좌구명은 『춘추경』이 기록한 역사적 사실을 해석하는 데 치중했지요.

좌구명은 『춘추좌씨전』의 사료라고 할 수 있는 주왕조의 역사와 일곱 제후국, 즉 노, 춘추시대 초기의 신흥세력이었던 정, 춘추오패였던 제·진(晋)·초·오·월의 역사인 『국어』(國語)를 편찬하기도 했습니다. 『춘추좌씨전』을 '춘추내전'이라고 부르고 『국어』를 '춘추외전'이라고 부르기도 했어요.

진한: 사마천과 반고

한무제에 의해 등용된 동중서는 태학과 오경박사를 설치함으로써 유가를 관학화했습니다. 동시에 유가를 신학화했는데, 『춘추좌씨전』이 아니라 『춘추공양전』에 따라 역사를 해석했고, 또 자신의 역사관을 이론화하기 위해 『역경』을 음양가적으로 해설한 『역전』

에서 천인감응설을 도출했거든요. 한황조 후기에는 천인감응설이 참위설(讖緯說)로 미신화되기도 했습니다. 참은 도참(圖讖, 그림으로 표현된 예언서)이었고, 위는 위서(緯書, 경서(經書)의 미언대의에 대한 해설서)였으므로, 참위는 경서에 의탁한 예언이라는 의미였지요. 반면 양웅을 따라 음양가를 도가로 대체한 왕충은 기학(氣學)을 창시하여 참위설을 비판하기도 했지요.

그런데 당시의 논쟁에서 특히 주목할 것은 동중서의 금문경학에 대해 유향·유흠 부자의 고문경학이 제기한 비판이었습니다. 진시황제·항우의 난행으로 경서가 실전된 상황에서 구술로 복원한 것이 금문(今文)인 예서로 쓴 경서였는데, 나중에 고문(古文)인 전서로 쓴 경서가 발견되었거든요. 고문경학을 대표한 것이 『춘추좌씨전』인 반면 금문경학을 대표한 것이 『춘추공양전』이었고요. 그런데 전자와 달리 후자는 공자를 군주이자 교주로 간주함으로써 유가를 관학화하고 신학화하는 데 결정적으로 기여했지요. 또 거난세(據亂世, 춘추전국시대), 승평세(昇平世, 하상주 삼대), 태평세(太平世, 요순시대)라는 복고주의적 삼세설을 제시하기도 했고요.

고문과 금문은 서체(書體)의 구별이었다는 사실을 지적해두겠습니다. 전서는 선진(先秦, 진황조 이전 시대)의 서체인 반면 예서는 한황조의 서체였거든요. 한황조 후기에 우리가 아는 해서가 출현했고요. 반면 나중에 설명할 것처럼, 당황조에서 한유가 창도한 고문운동에서 고문은 서체가 아니라 문체(文體)였지요. 또 서체와 서법(書法, 필기법)을 구별할 필요도 있는데, 예를 들어 흘려쓰기의 정도에 따라 정서·행서·초서를 구별했어요.

그러나 사학사의 관점에서 훨씬 더 중요한 비판은 사마천이 '하늘과 사람의 관계를 연구하고, 고금의 변화를 꿰뚫으며, 독자적 역사관을 이룬다'(究天人之際, 通古今之變, 成一家之言)고 자부한 바 있는 『사기』였습니다. 이것이 바로 전설상의 황제(黃帝)부터 한무제 당대까지의 역사를 기록한 중국 최초의 통사였지요. 게다가 본기(本紀), 표(表), 서(書), 세가(世家), 열전(列傳)으로 구성된 새로운 체재를 제시하기도 했는데, 이것이 바로 본기와 열전을 결합한 기전체의 효시였어요.

『사기』에서 본기·표·서는 1/4, 세가는 1/4, 열전은 1/2이었습니다. 먼저 본기는 제왕(帝王)을 중심으로 한 편년체 역사였고, 그것을 요약한 표는 연표였어요. 그런데 사마천은 한고조 유방에게 패배한 항우와 한고조 유방의 부인 여후에 대한 기록을 본기에 포함시키기도 했지요. 또 서는 다양한 전장(典章, 제도와 문물)을 대상으로 한 부문사였고요.

마지막으로 세가는 제후(諸侯)의 편년체 역사였고, 열전은 장상(將相)의 전기였습니다. 세가는 『국어』의 전통을 계승했는데, 여기에는 공자나 진한교체기에 최초의 농민봉기를 지도한 진승에 대한 기록도 포함되었지요. 또 『사기』의 독창적 발명인 열전에는 제자백가(諸子百家, 여러 스승과 그들의 학파)와 공자의 직계제자는 물론이고, 상인이나 협객·자객에 대한 기록, 나아가 이민족에 대한 기록도 포함되었어요.

사마천이 편년체를 기전체로 발전시키는 체재상의 혁신에 머문 것만은 아니었습니다. 그는 기왕의 복고주의 역사관을 진화주의 역사관으로 대체하려고 시도했거든요. 나중에 설명할 것처럼, 상주의 노예제가 진한의 봉건제로 이행하는 계기가 바로 상앙의 변법이었는데, 이런 역사적 경험을 통해 사마천은 한비자와 마찬가지로 역사가 진화했다는 사실을 인식할 수 있었지요.

사마천은 부친 사마담을 따라 제자백가 중에서 특히 유가·묵가·도가·법가·명가·음양가의 육가를 선별하고 그 장단점에 대한 평가를 제시하기도 했습니다. 사마담·사마천 부자는 개인적으로 도가를 존숭하는 입장이었는데, 동중서에 의해 관학화·신학화된 유가에 대한 환멸 때문이었겠지요. 그러나 공자를 세가에 포함시킨 것을 보면 유가를 존숭하지 않았던 것은 아니에요.

사마천의 『사기』를 효시로 해서 명황조까지 중국의 정사(正史)인 24사가 편찬되었습니다. 먼저 한황조 후기에 반고는 두 번째 정사 『한서』를 편찬했는데, 이것은 물론 통사가 아니라 한황조 전기의 역사만 기록한 단대사(斷代史)였지요. 또 『사기』가 사찬 사서였던 반면 『한서』는 관찬 사서였고요. 관찬의 단대사가 이후 정사를 편찬하는 관행이 되었어요.

반고는 본기, 표, 지(志), 열전이라는 형식으로 기전체를 완성했습니다. 지는 서와 동일한 의미였는데, 이후 부문사의 통칭이 되었지요. 한황조에서는 제후가 소멸하여 세가가 열전에 통합되었고요. 반고는 사마담 부자의 육가에 종횡가·농가·잡가·소설가를 추가하여 십가를 제시하기도 했습니다. 또 사마천이 비판한 동중서를 복권시키기도 했고요.

반고의 『한서』를 1/4 정도로 요약한 것이 순열(순자의 후손)의 『한기』였습니다. 이것은 관찬사서의 목적이 자치(資治), 즉 통치를 돕는다는 데 있다는 관점에서 『춘추경』과 『춘추좌씨전』의 편년체를 복권시킨다는 의미가 있었는데, 이런 전통은 송황조 사마광의 『자치통감』으로 계승되었지요. 물론 『한기』는 편년체 단대사였고, 『자치통감』은 편년체 통사였다는 차이가 있지만요.

위진남북조수당: 유지기와 두우

위진남북조의 혼란에도 불구하고 반고의 『한서』를 계승하는 기전체 단대사가 편찬되었습니다. 대표적인 것이 진황조의 진수가 편찬한 『삼국지』와 남조의 범엽이 편찬한 『후한서』였지요. 또 남북조에서 각각 남조 전기의 정사 두 개와 북조 전기의 정사 한 개도 편찬되었고요. 『사기』, 『한서』, 『후한서』, 『삼국지』를 4사라고 불렀는데, 이것들이 24사의 핵심이었어요.

그런데 고국항의 주장에 따르면, 위진남북조에서 경학이 쇠퇴한 대신 사학이 독립할 수 있었다는 사실에 주목할 필요가 있습니다. 중국의 전통적 도서분류법은 경(經, 경서), 사(史, 사서), 자(子, 제자백가서), 집(集, 문집)의 사부(四部)였는데, 유가와 관련된 도서가 경과 사로 구별되는 계기가 위진남북조에서 사학이 경학으로부터 독립한 덕분이었다는 것이 그의 주장이에요.

위진남북조에서 경학으로부터 독립한 사학이 본격적으로 발전한 것은 물론 수당 이후였습니다. 먼저 수당에서 사관(史官)을 대체한 사관(史館)이 설치되었는데, 이것은 사서의 편찬이 개인의 작업에서 집단의 작업으로 발전했음을 의미했지요. 또 신황조가 구황조의 역사를 편찬하는 역대수사(易代修史)의 관행도 정착되었고요. 그 결과 『사기』, 『한서』, 『후한서』, 『삼국지』 이외에도 진황조의 정사 한 개, 후기의 정사 두 개가 추가된 남조의 정사 네 개, 후기의 정사 두 개가 추가된 북조의 정사 세 개, 수황조의 정사 한 개를 포함하는 13사가 출현했습니다. 또 남조에서 비롯된 편년체 실록의 편찬이 정착되어 후대에 사료로 이용할 수 있게 되었고요.

그러나 사학사의 관점에서 훨씬 더 주목할 만한 성과는 유지기의 『사통』(史通)과 두우의 『통전』(通典)이었습니다. 양웅과 왕충을 계승한 유지기는 『사통』에서 '사학자는 세 가지 장점을 가져야 한다'(史有三長)면서 재(才, 재능), 학(學, 학문), 식(識, 식견) 중에서 가장 중요한 것이 바로 식이라고 주장했지요. 달리 말해서 역사이론으로서 사평(史評)이 중요하다는 것이었어요.

사론과 사평의 관계에 대해 좀 더 설명해보겠습니다. 좌구명의 '군자왈'과 사마천의 '태사공왈'에서 유래하는 사론은 역사적 사실에 대한 의논(議論)과 포폄(褒貶, 포상과 폄하, 즉 칭찬과 비난)을 의미했지요. 반면 유지기의 사평은 역사를 서술하는 체재에 대한 검토를 의미했는데, 그는 정사로서 기전체 단대사와 함께 편년체 통사의 중요성을 강조했어요.

두우의 『통전』은 황제부터 안록산의 반란까지 전장, 특히 토지제도·조세제도의 통사를 서술한 최초의 전사(專史, 전문사)였습니다. 그는 경세치용(經世致用, 세상을 다스려 생활을 이룬다)·경세제민(經世濟民, 세상을 다스려 백성을 돕는다)의 경세사학을 지향했는데, 그래서 그의 체재를 정서체(政書體)라고 부르기도 했지요. 나아가 그는 상앙의 변법, 특히 분봉제를 대체한 군현제의 역사적 의의에 주목하면서 진화주의 역사관을 더욱 구체화했어요.

송원: 사마광과 원추·정초·마단림

오대에서도 사관수사제도가 지속되어 『(구)당서』가 편찬되었고, 드디어 송황조에서 사학의 전성기가 전개되었습니다. 먼저 구양수는 『(구)당서』를 『(신)당서』로 대체했고 또 설거정이 관찬한 『(구)오대사』도 자신이 사찬한 『(신)오대사』로 대체했지요. 『(신)당서』와 『(신)오대사』가 정사에 추가되었고, 또 당황조 때 이연수가 사찬한 남조의 통사인 『남사』와 북조와 수황조의 통사인 『북사』가 추가되었는데, 그 결과 정사는 17사로 확대되었어요.

그러나 가장 중요한 성과는 역시 사마광이 사찬한 『자치통감』으로 17사를 1/10로 요약한 편년체 통사였습니다. 순열처럼 통치를 돕는 것이 목적이었던 사마광이 유지기의 주장에 따라 공자와 좌구명의 편년체를 통사로 완성했던 것이에요. 청황조 때 명황조까지 연장된 『자치통감』의 속편이 편찬되어 기전체 통사인 24사와 병존하게 되었지요.

사마광은 『자치통감』을 통해 왕안석의 신법(新法)을 비판하고 구법(舊法)을 옹호했습니다. 그는 난세에 주목하면서 폭군의 과오로 인한 농민봉기와 대외전쟁에 대해 상세하게 서술했지요. 특히 역사의 교훈을 무시한 왕안석이 요황조·하황조와의 대결에 치중함으로써 당황조를 패망시킨 절도사의 할거를 초래할 수 있다는 것이 비판의 핵심이었어요. 왕안석의 신법은 물론 대내정치에 필요한 구법의 개혁, 특히 당황조 후기에 양염이 도입한 양세법의 개혁도 포함하고 있었지만요.

나아가 사마광은 한황조 때 신학화되고 미신화된 유가의 천인감응설과 참위설을 비판했습니다. 물론 그가 그 대안인 신유학을 체계화한 것은 아니었는데, 이것은 그의 동료 주돈이와 주돈이의 제자 이정(二程, 정호·정이 형제)을 거쳐 송황조 후기의 주희에게 남겨진 과제였지요. 그러나 신유학은 경세학을 누락한 수양학이었을 따름인데, 이것은 역시 왕안석의 신법에 대한 대안으로서 사마광의 구법이 충분하다는 주장 때문이었어요.

송황조 후기에 원추는 『통감기사본말』을 편찬했습니다. 통치를 돕는다는 목적에 충실하려면 전기 위주의 기전체는 물론이고 연대기 위주의 편년체와도 달리 사건의 인과관계와 전개과정에 주목하는 기사본말체(紀事本末體)가 필요하다는 것이었지요. 청황조 때 당시까지 연장된 『통감기사본말』의 속편이 편찬되어 기전체·편년체 통사와 함께 기사본말체 통사도 완성되었고요.

그러나 원추의 『통감기사본말』은 정치와 군사가 중심이었고 제도와 문물은 무시하는 것이었습니다. 이런 결함을 보충한 것이 정초가 사찬한 『통지』(通志)였지요. 그는 유지기에 반대하여 기전체 통사를 한 단계 발전시켰는데, 『통지』는 기존의 사서를 초록한 기와 전, 선제들 요약한 연보(연표), 그리고 두우의 『통전』을 계승한 이십략(二十略)으로 구성되었지요.

정초는 통사의 체재로 회통체(會通體)을 주장하면서 공자가 편찬한 육경과 사마천의 『사기』를 그 선례로 제시했습니다. 회통은 사료를 모으고 사사(史事, 역사적 사실)를 꿰뚫는다는 의미였지요. 그러나 『통지』의 핵심은 역시 『통전』을 계승한 이십략이었다는 것이 통설이었어요. 사마천의 기전체, 사마광의 편년체, 원추의 기사본말체가 중국사서의 3대 체재였는데, 여기에 두우의 정서체를 추가할 수 있지요.

원황조도 사관수사제도를 유지하여 『송사』, 『요사』, 『금사』를 편찬했습니다. 그러나 가장 중요한 성과는 역시 송원교체기에 마단림이 편찬한 『문헌통고』(文獻通考)였지요. 제목의 문은 경사와 관련된 전적을 의미했고 헌은 기타의 사료를 의미했는데, 1/3은 토지제도·조세제도와 관련된 것이었어요. 그는 토지제도·조세제도의 역사적 변천의 지표로서 특히 상앙의 변법과 양염의 변법에 주목하면서 '흥망성쇠의 원인'(變通張弛之故)을 연구했지요.

사마광의 『자치통감』을 보완하려는 마단림의 『문헌통고』도 역시 두우의 『통전』과 정초의 『통지』를 계승하는 것이었는데, 이것들을 아울러 3통이라고 불렀습니다. 청황조 때 명황조까지 연장된 3통의 속편이 편찬되었고 또 청황조 자체의 3통도 편찬되어 24사에 평행하는 9통, 즉 정서체 통사가 완성되었지요.

명청: 왕부지와 장학성

명황조가 『원사』를 편찬하면서 비로소 21사가 출현했습니다. 원황조는 『송사』, 『요사』, 『금사』를 편찬하고도 출판·보급하지는 않았거든요. 또 명황조 때는 왕세정과 초횡이 패사(稗史, 야사)를 주창하기도 했는데, 그 기원은 패관잡설(稗官雜說), 즉 패설이었지요. 패관이란 항담(巷談, 길거리에 떠도는 이야기, 즉 항간의 소문)이나 민간의 전설을 기록하는 하급관리였어요.

역사소설로 발전한 패사는 순자가 말한 소가진설(小家珍說, 군소학파의 진기한 이야기), 즉 소설을 부활시키는 것이기도 했습니다. 진수의 『삼국지』와 사마광의 『자치통감』을 토대로 한 나관중의 『삼국지연의』가 대표적인 사례였지요. 역사소설은 물론 기사(紀事, 역사적 사실의 기록)나 입언(立言, 역사적 사실에 대한 평론)을 위한 산문이 아니라 주로 오락을 위한 산문이었는데, 연의(演義)는 알기 쉽고 재미있는 이야기라는 의미였거든요.

명청교체기에 실사구시(實事求是, 사실에 근거하여 진리를 탐구한다)의 학문, 즉 실학이 출현하면서 사학도 발전했는데, 고유명사가 아니라 보통명사인 실학은 『한서』에서 반고가 참위설이나 도가 같은 허학(虛學)을 비판한 데서 유래한 것이었습니다. '하늘이 무너지고 땅이 갈라지는'(天崩地解) 당시의 상황에서 실학자·사학자의 학문적 태도는 아주 근엄(謹嚴, 신중·의연)했지요.

먼저 황종희와 그의 제자 전조망은 각각 『명유학안』과 『송유학안』을 저술하여 송명유학사를 정리했는데, 안(案)은 개요라는 의미였습니다. 황종희는 신권주의로 황권주의를 제한하려는 군신평등주의를 주장하기도 했고요. 또 고염무는 경세사학을 지향했습니다. 그는 '학문을 널리 배우되 실천에서 부끄러움을 안다'(博學于文行己有恥)고 말했는데, 학문의 목적은 경세치용·경세제민에 있다는 것이었고, 또 '과거를 끌어다 현재를 꾀한다'(引古籌今)고 말했는데, 그가 지향한 학문이 바로 경세사학이라는 것이었지요.

특히 고염무는 망국(亡國)과 망천하(亡天下)를 구별하기도 했습니다. 망국이란 지배계급이 교체되는 역성혁명이나 이민족의 정복을 의미하는 반면 망천하는 지배계급과 피지배계급의 공멸을 의미했지요. '이 해는 언제 지려나[걸왕은 언제 죽으려나] 너와 함께 나도 죽겠노라'(時日曷喪及汝偕亡, 『서경』)던 명청교체기의 인심을 비판하면서 '천하의 흥망에는 필부(백성 개개인)도 책임이 있다'(天下興亡匹夫有責)고 갈파한 것이에요.

그러나 가장 중요한 실학자·사학자는 역시 왕부지였는데, 중앙대학교 교양학부 안재호 교수의 『왕부지 철학: 송명유학의 총결』(문사철, 2011)로 고길항의 설명을 보충해보겠습니다. 왕부지는 좌구명과 사마천에서 유래하는 사론을 단순한 역사평론이 아니라 본격적인 역사이론으로 발전시켰지요. 역사는 사실의 기록일 따름이라는 관점에서 점차 상대화되어온 사론을 경세사학의 관점에서 부활시켜야 한다는 것이었어요.

먼저 왕부지는 '지난 일을 서술함으로써 앞으로 올 일의 스승으로 삼는다'(述往以爲來者師)고 주장하면서 특히 『자치통감』의 제목에 주목했습니다. 이미 지적한 것처럼, 자치는 통치를 돕는다는 의미였는데, 통감(通鑑)은 '고도(古道), 즉 대대로 이어져온 치국의 도리를 비춰보는 거울'을 의미했지요. 통감을 이렇게 해석할 수 있는 것은 통가(通家)가 '세의(世誼), 즉 대대로 사귀어온 정의가 있는 집'이라는 의미라는 데서 유추할 수 있어요.

그가 주목한 고도는 한–당–송–명의 치세(治世)로 이어진 중하(中夏, 한족)의 전통이었습니다. 반면 이적(夷狄, 이민족)이 중하를 정복한 위진남북조–오대–요금원–청은 난세(亂世)였다는 것이 그의 주장이었고요. 바로 이것이 화이지변(華夷之辨, 한족과 이민족의 구별)이었는데, 그는 반청항전에 실패한 다음에도 평생 명황조 유신(遺臣)을 자처하면서 친명·반청의리론을 견지했지요.

또 왕부지는 맹자부터 주희까지 이어진 '한번 다스려지고 한번 어지러워진다'(一治一亂) 또는 '한번 합쳐지고 한번 갈라진다'(一合一離)는 순환론적 역사관을 비판했습니다. 그는 원시사회에서 분봉제를 거쳐 군현제로 역사가 진화했다고 주장하면서 그 기준으로 생민지용(生民之用, 백성의 생활)을 이루기 위한 이용후생(利用厚生, 재물을 풍부하게 하고 생활을 윤택하게 한다), 좀 더 쉽게 말해서 생활수준의 상승을 제시했거든요.

그에 따르면, 원시사회에서 인간의 생활은 금수(禽獸, 날짐승·들짐승)처럼 '실질(實質, 인의라는 도덕)을 보전할'(全其質) 수 없었고 또 이적(夷狄, 오랑캐)처럼 '문채(文采, 예악이라는 제도)를 구비할'(備其文) 수 없었습니다. 요순시대에 농업이 출현하고 문명으로 이행함으로써 인간은 점차 금수와 이적의 생활에서 탈피할 수 있었는데, 그러나 여전히 궁핍했지요. 그러다가 주왕조에서 분봉제가 출현하면서 문명이 정착되었고, 한황조에서 군현제가 출현하면서 문명이 한 단계 더 진화했다는 것이에요.

그러나 문명으로 이행했다고 해서 야만이 소멸한 것은 아니라는 것이 그의 주장이었습니다. 요순시대에도 혼돈, 궁기(窮奇, 사악), 도올(檮杌, 무지), 도철(饕餮, 탐욕)이라는 사흉(四凶)이 존재했고, 주왕조·한황조 이후에도 의리(義理, 정당한 도리)가 아니라 이욕(利欲, 이익과 욕망)만 추구하는 군자 아닌 소인이 많았거든요. 따라서 화이지변과 함께 의리지변(義利之辨, 의리와 이욕의 구별)과 군자소인지변(君子小人之辨, 군자와 소인의 구별)이 필요하다는 것이 그의 주장이었어요.

그는 분봉제가 군현제로 대체된 이후에도 토지제도·조세제도의 발전과 함께 역사는 계속 진화했다고 주장했습니다. 나아가 그는 토지세의 인하와 동시에 은납화를 주장하기도 했는데, 이것은 유가가 전통적으로 강조해온 왕토/황토사상에 대한 비판이었지요. '따라서 토지라는 것은 군주가 사사로이 얻은 것이 아니다'(若土則非王子之所得私也)라는 것이 그의 주장이었어요.

여기서 중국이라는 명칭에 대해 설명해두겠습니다. 중국은 중하지국(中夏之國)의 약칭으로 본래 천하의 중심인 화하민족의 도성(都城)이라는 의미였지요. 또 화하(華夏, 화려하고 크다)는 문명을 통해 제도와 문물이 발달했다는 의미였고요. 하에는 물론 하왕조의 후예라는 의미도 있었지만요.

왕부지는 상왕조·진황조·수황조에 대해서는 별다른 언급을 하지 않은 것 같습니다. 다만 '치란하고 합리하는 것은 천리이고, 통합하고 통치하는 것은 인욕이다'(治亂合離者天也, 合而治之者人也)라는 그의 주장에 주목할 필요가 있지요. 예를 들이 분봉제에서 군현제로의 이행이라는 역사적 필연이 폭군 진시황제라는 역사적 우연을 통해 관철되었다는 것인데, 헤겔이 역사에서 발견한 '이성의 교지(巧智)'에 비견되는 견해라고 할 수 있어요.

왕부지는 통합과 통치에는 천리와 함께 추세도 중요하다고 주장했습니다. '수성하는 자는 오로지 천리에 의해 추세를 얻고, 창업하는 자도 곧 추세에 의해 천리를 좇는다'(守天下者(…)惟因理以得勢, 功天下者(…)則亦順勢以循理) 또는 '천리로 추세를 삼고, 추세로 천리를 따른다'(以理爲勢, 以勢從理)는 것이었지요. 좀 더 간단하게 말해서 '천리가 추세를 이루고, 추세가 천리를 이룬다'(理成勢, 勢成理)는 것이었는데, 역시 '이성적인 것은 현실적이고, 현실적인 것은 이성적이다'라는 헤겔의 주장과 비견될 수 있어요.

그런데 왕부지가 장업기와 수성기, 즉 성상기만 설명했던 것은 아닙니다. 그는 쇠퇴기에도 관심을 가졌는데, 특히 그 양상을 '언덕이 점점 평평해지는 모양'(陵夷), 수학적으로 말해서 로지스틱성장곡선(S자형성장곡선)의 역(逆)으로 특징지었어요. 창업기와 수성기가 종료되고 쇠퇴가 시작되는 시기, 즉 중쇠기(中衰期)에 주목할 필요가 있다는 것이에요.

방금 왕부지가 왕토/황토사상을 비판했다고 했는데, 나아가 신권주의의 입장에서 왕권/황권주의에 대한 비판도 제시했습니다. '천하는 한 가족의 사유물이 아니다'(天下非一姓之私也)라는 것이었지요. 또 그는 치통(治統), 즉 '천자의 자리'(天子之位)를 핵심으로 하는 정치의 정통을 도통(道統), 즉 '성인의 가르침'(聖人之敎)을 핵심으로 하는 사상의 정통으로 대체했어요. 게다가 도통에 기초하지 않은 치통은 '고칠 수 있다'(可革)고 주장하기도 했고요.

이런 주장은 송황조 때 주희와 진량 사이에서 전개된 왕패의리(王霸義利) 논쟁을 해결하려는 시도였습니다. 주희는 왕도와 의리(義理)를 주장했고 진량은 패도와 공리(功利)를 주장한 반면 왕부지는 '[왕도와] 의리로써 [패도와] 공리를 규제하고, [패도와] 공리로써 [왕도와] 의리를 충실케 한다'(義以制利, 利以實義)고 주장했거든요. 주희는 패도와 공리가 필요조건이라는 사실을 부정했고, 진량은 패도와 공리를 필요충분조건으로 오해했다는 것이에요.

마지막으로 왕부지는 '천리를 인식하여 운명을 개척하는 것'(知天立命), 즉 역사적 우연을 통해 역사적 필연이 관철된다는 사실을 인식하는 것이 바로 지식인의 임무라고 주장하기도 했습니다. 먼저 '천하가 붕괴하여 인심이 우매할 때, 홀로 천추를 붙잡아 치란을 다툰다'(天下分崩人心晦否之日, 獨握天樞以爭剝復)는 것이었지요. 북두칠성의 첫 번째 별인 천추는 하늘의 중심이므로, 천추를 붙잡는다는 것은 천리를 깨우친다는 의미였어요.

나아가 '기미, 즉 변화의 조짐을 포착하여'(見幾, 見機) '시대를 따를'(因時) 수 있어야 한다고 주장했습니다. 그런데 난세에는 '시대를 앞서서'(先時) '시대를 다스릴'(治時) 수 있어야 하는데, 공자의 말처럼, '군자는 도가 행해지지 않음을 이미 알면서도 출사하여 의를 행할'(君子之仕行其義也, 道之不行已知之矣) 수 있어야 한다는 것이었지요. 또 심권(審權), 즉 권의(權宜, 적합한 방책)의 심리(審理, 자세히 조사한다)를 할 수도 있어야 하고요.

황종희·고염무와 달리 왕부지의 학통은 청황조 때 거의 주목받지 못했습니다. 부분적으로 출판된 그의 저작이 완간된 것은 아편전쟁 이후였고, 그의 사상이 복권된 것은 신해혁명을 전후한 시기였어요. 신해혁명기의 사학자 장병린이 한황조와 왕충에 대해 말한 것처럼, 중국과 왕부지에 대해 '한 사람을 얻음으로써 부끄러움을 털어내는 데 충분했다'(得一人也足以振恥)고 말할 수 있지요. 후외로처럼 말해서 왕부지는 '중국의 포이어바흐'였거든요.

『명사』를 편찬한 청황조는 구양수가 폐기한 『(구)당서』와 『(구)오대사』를 추가하여 24사를 확정했습니다. 『사기』, 『한서』, 『후한서』, 『삼국지』와 함께 『명사』가 24사 중 가장 중요한 명저였지요. 1920년대에 편찬된 『청사고(稿)』를 토대로 한 『청사』가 올해 안에 완성될 예정이라고 하는데, 그럴 경우 현대 이전 중국의 기전체 통사인 '25사가 완성되는 셈이에요.

또 청황조는 명황조 때 편찬된 백과전서 『영락대전』을 대체하는 총서 『사고전서』를 간행했는데, 사고(四庫)는 경사자집의 사부(四部)를 의미했습니다. 그런데 『사고전서』의 간행을 계기로 황종희·고염무의 학통을 계승하여 한황조 때 유학의 훈고학적 전통을 부활시킨 고증학이 출현했어요. 고증학은 훈고학이 발전한 것인데, 훈고(訓詁)는 문자의 의미를 해석한다는 의미였고, 고증(考證)은 문헌을 상고(上考)하여 증명한다는 의미였지요. 훈고학과 고증학이 바로 서양에서 말하는 문헌학(philology)이에요.

고증학을 거부할 필요는 없습니다. 위서(僞書)와 진서(眞書)를 감별하고, 또 진서의 연대와 선본(善本)을 확정하거나 오류를 교정하는 등 사료 비평에 필요했거든요. 그러나 역사학을 사료 비평으로 환원할 수는 없다는 데 문제가 있었어요. 사료의 진실이 역사의 진실은 아니었거든요. 또 고증학은 위서 같이 문제가 있는 문헌에 대한 연구에 치중하는 경향이 있었고요. 고증학은 세상을 경륜하려는 경세학이 아니라 세상에서 도피하려는 둔세학(遁世學)이나 피세학(避世學)인 경우가 많았지요.

고증학자 중 특히 조익에게 주목할 수 있습니다. 고염무를 계승한 그는 24사를 고증하면서 여러 가지 사료를 보충했는데, 특히 난세의 원인을 발견하는 것이 그의 목적이었지요. 한황조를 지배한 외척과 한황조·당황조·명황조에서 득세한 환관이 그 원인이라는 것이었어요. 또 당황조를 패망케 한 절도사의 할거에도 주목하면서 그것을 예방한 것이 송황조 때 중문경무(重文輕武)의 의의라고 주장했고요.

그러나 청황조에서 가장 주목할 만한 사학자는 역시 고증학의 한계를 비판하면서 경세사학의 부활을 시도한 장학성이었습니다. 『문사통의』(文史通義)에서 그는 사료의 정리, 즉 역사의 기주(記注, 기록과 주석)와 역사의 찬술(撰述, 편찬과 서술)을 구별하면서 전자와 달리 후자에는 독단(獨斷, 독자적 판단), 즉 사마천이 말한 일가지언(一家之言)이 필요하다고 주장했지요.

또 장학성은 유지기가 강조한 사식(史識) 이외에 사의(史義)와 사덕(史德)을 강조하기도 했습니다. 먼저 사식과 달리 사의는 역사적 사실에 대한 지식에 근거한다고 주장했지요. 또 사의가 시비를 분별하는 이성적 관점인 반면 사덕은 감정을 자제하는 심술(心術)이라는 것이 그의 주장이었어요.

나아가 장학성은 '육경은 모두 사서다'(六經皆史)라는 명제를 통해 경학의 역사성을 주장했습니다. 또 '경서와 고도를 회의하자'(惑經疑古)는 구호를 통해 경학에 대한 역사적 비판의 필요성도 제기했고요. 신해혁명기에 장병린이 지적한 것처럼, 이런 입장은 '사학이 곧 경학이다'(史則是經)라는 입장으로 발전할 수 있는 것이었지요. 장학성이 지향한 것은 물론 경세치용·경세제민의 학문으로서 사학, 즉 경세사학이었어요.

아편전쟁 이후: 마르크스주의의 중국화

아편전쟁(1840-42)과 태평천국농민전쟁(1851-64)을 계기로 이홍장은 양무운동을 추진했습니다. 그러나 청일전쟁(1894-95)에서 패배하고 말았지요. 그 직후 강유위와 그의 제자 양계초는 영국·미국·일본의 지원 아래 무술변법자강운동(1898)을 추진했는데, 그 근거는 『춘추공양전』의 삼세설과 영국의 사회학자 스펜서의 사회진화론을 결합한 삼세진화론이었어요.

기존의 진화주의 역사관의 결함은 아직 역사진화의 보편적 인과법칙을 설명하지는 못했다는 것인데, 강유위와 양계초는 그 대안을 사회진화론에서 발견했습니다. 그들의 삼세진화론은 전제군주정이라는 거난세에서 출발하여 입헌군주정이라는 승평세를 거쳐 결국 공화정이라는 태평세에 도달한다는 주장이었는데, 겉으로는 공화정을 표방하면서도 속으로는 입헌군주정이라는 개혁을 추진한다는 것이 그들의 목표였어요.

강유위·양계초의 부르주아 개혁주의에 실망하여 부르주아 혁명주의로 전향한 장병린은 손문·황흥과 함께 '혁명삼존'(革命三尊)이라고 불렸습니다. 장학성의 후계자라고 할 수 있는 그는 황제가 아니라 인민을 위한 '자치통감'이 필요하다고 역설하면서 사회진화론의 관점에서 현대적 통사를 저술하자고 주장했지요. 그의 제자가 현대문학의 창시자인 노신이라는 사실도 지적해두겠어요.

원세개를 비롯한 군벌의 반동으로 1911년 신해혁명이 실패하자 손문은 '아는 것이 어렵고 하는 것은 쉽다'(知難行易)라고 탄식했습니다. 즉 부르주아 혁명을 통해 공화정을 수립하는 데는 무장봉기 이외에도 계몽주의가 필요하다는 것이었는데, 이에 호응한 것이 1915년부터 진독수가 '공가네 가게를 쳐부수자'(打倒孔家店)라는 구호 아래 추진한 신문화운동이었지요.

신문화운동이 표방한 서양중심주의적 계몽주의의 결함을 해결하기 위해 이대교는 1919년 5·4운동을 전후해 마르크스주의를 수입했습니다. 그의 평전으로는 미국의 중국학자 마이스너(Maurice Meisner)의 *Li Ta-Chao and the Origins of Chinese Marxism* (Harvard University Press, 1967; 국역: 지식산업사, 1992)을 참고할 수 있지요. 또 터키 출신의 미국 마르크스주의 역사학자 딜릭(Arif Dirlik)의 *The Origins of Chinese Communism* (Oxford University Press, 1989)도 참고할 수 있고요.

1921년에 10세 연상인 진독수와 함께 중국공산당을 창건한 이대교는 모택동의 이론적·정치적 스승이기도 했습니다. 그는 1923년부터 손문과 국공합작을 통해 화북에서 할거중인 군벌에 대한 북벌전쟁을 개시했는데, 1925년에 손문이 사망하자 1927년에 쿠데타를 감행한 장개석이 국공합작을 파기하고 군벌 장작림과 타협하면서 살해당했지요.

경제학자인 이대교는 『사학요론』(1924)에서 마르크스주의의 핵심이 역사과학이라고 주장했습니다. 역사의 보편적 인과법칙을 설명하는 마르크스주의가 진화주의 역사관은 물론이고 사회진화론에 대한 대안이기도 하다고 주장한 것이었지요. 그러나 그가 마르크스주의를 중국사에 적용하려고 시도한 것은 아니었어요.

중국사에 대한 마르크스주의적 설명의 효시는 시인이자 사학자인 곽말약의 『중국고대사회 연구』(1930)였는데, 이 책이 1930년대 중국사학계에서 고대사의 시대구분을 둘러싸고 전개된 사회사 논쟁의 발단이었습니다. 사회사 논쟁을 계승하는 사회성격 논쟁은 아편전쟁 이후 중국사회의 성격이 반식민지반봉건사회인가 아니면 자본주의인가를 쟁점으로 하는 것이었고요.

중국사회사 논쟁에 대한 문헌은 아주 방대합니다. 그러나 다행히도 그 개관으로 딜릭의 *Revolution and History: The Origins of Marxist Historiography in China, 1919-1937* (University of California Press, 1978); "The Universalisation of a Concept:

'feudalism' to 'Feudalism' in Chinese Marxist Historiography" (*Journal of Peasant Studies*, Jan. & April 1985); "'Feudalism' in Twentieth Century Chinese Historiography" (*China Report*, Feb. 1997)를 참고할 수 있어요.

사회사 논쟁에서 곽말약은 주왕조가 노예제였고, 춘추시대 이후가 봉건제였다고 주장했습니다. 반면 여진우는 상왕조가 노예제였고, 주왕조 이후가 봉건제였다고 주장했지요. 또 주왕조의 봉건제와 진황조 이후의 봉건제를 분권적 영주제와 집권적 지주제로 구별했고요. 1949년 중국혁명 이후 중국사학계를 대표하게 될 범문란과 전백찬은 곽말약이 아니라 여진우의 입장을 지지했어요.

특히 범문란은 연안시대에 모택동의 지도 아래 1930년대에 전개된 사회사 논쟁을 정리한 『중국통사간편(簡編)』(1941-42)을 집필했습니다. 다만 사회성격 논쟁과 관련되는 아편전쟁 이후의 경제사는 반식민지반봉건사회론, 즉 매판적·봉건적 국가독점자본주의론(또는 관료자본주의론)의 입장에서 모택동의 이론비서 진백달이 집필했다는 사실을 지적해두겠어요.

사회주의 리얼리즘에 대해서도 보충해두겠습니다. 5·4운동을 전후로 장병린이 불교로 귀의한 반면 노신은 마르크스주의로 전향했지요. 진독수가 주장한 문학혁명론에서 곽말약이 주장한 혁명문학론으로 이행한 것이었어요. 그러나 주로 잡문(수필)을 집필했는데, 사회사·사회성격 논쟁 시기에 출현한 사회주의 리얼리즘에 적합한 소설은 1932년에 모순이 발표한 『자야』(子夜, 한밤중)였지요.

1949년 중국혁명 이후에도 1966년 문화혁명이 '공가네 가게를 쳐부수자'는 진독수의 구호와 친화성을 갖는 '임표와 공자를 비판하자'(批林批孔) 또는 '법가를 재평가하고 유가를 비판하자'(評法批儒)는 구호를 제시하기까지 사회사 논쟁이 지속되었습니다. 이것이 노예제에서 봉건제로의 이행, 토지소유제의 변화와 봉건제 내부의 분기, 봉건제에서 자본주의로의 이행과 자본주의의 맹아, 농민전쟁의 역할, 한족과 소수민족의 관계라는 쟁점을 둘러싸고 선개된 중국사학계의 오타홍화(五朶紅花, 다섯 송이 붉은 꽃)였지요.

가장 중요한 것은 역시 노예제에서 봉건제로의 이행과 관련하여 범문란·전백찬이 주장한 서주봉건론, 곽말약의 상주노예론·전국봉건론(상앙변법론), 후외로의 서한봉건론 사이의 논쟁과 봉건제 내부의 분기와 관련하여 후외로가 제기한 토지국유제론과 토지사유제론의 관계에 대한 논쟁이었습니다. 또 농민전쟁의 역할, 한족과 소수민족의 관계, 자본주의의 맹아가 출현한 시기에 대한 논쟁은 모택동의 지도 아래 범문란이 제기한 것이었고요.

그런데 이렇게 사회사 논쟁이 지속되는 과정에서 역사진화의 추동력이 생산력발전인가 아니면 계급투쟁인가라는 문제를 둘러싼 역사이론적 논쟁도 제기되었습니다. 1958-60년에 대약진운동을 추진하면서 모택동이 역사진화를 생산력발전으로 환원하는 스탈린을 비판하면서 계급투쟁을 강조했거든요.

프랑스의 마르크스주의 철학자 알튀세르에 따르면, 마르크스는 『경제학 비판을 위하여: 1분책』의 「서문」(1859)에서 생산력발전에 주목한 반면 『자본』 1권(1867)에서는 엥겔스와 공저한 『공산주의자 선언』(1848)을 비판적으로 계승하여 계급투쟁의 구조로서 생산관계에 주목하면서 생산력발전을 설명했습니다. 이런 관점에서 자본주의와 봉건제의 역사를 설명할 수 있다는 것이 제 생각이에요.

어쨌든 대약진운동이 시작되면서 진백달은 '현대사를 상세하게 서술하고 고대사는 간략하게 서술하자'(厚今薄古)고 주장했고 또 고대사의 서술에서도 통치계급의 양보에 불과한 전장(典章)에 대해서는 간략하게 서술하는 반면 농민봉기에 대해서는 상세하게 서술하자고 주장했지요. 그러나 대약진운동이 실패하자 전백찬은 '계급투쟁을 원칙으로 삼아'(以階級鬪爭爲綱) '이론으로 역사를 구속하는'(以論帶史) 비역사주의적 태도를 비판했는데, 이에 동조하여 범문란은 자기비판을 시도하기도 했어요.

이제까지 설명한 것처럼, 아편전쟁 이후 중국사학계의 가장 중요한 논쟁은 역사진화의 보편적 인과법칙과 관련된 것이었습니다.

그러나 체재와 관련된 논쟁도 있었는데, 예를 들어 장병린은 장학성을 따라 기사본말체를 수용하여 기전체를 개조하자고 주장했고, 하증우는 일본을 통해 서양사학계의 장절체(章節體)를 수입하여 기사본말체와 결합하기도 했지요.

중국통사의 총결은 백수이의 『중국통사』(1989-99, 12권)입니다. 그밖에도 범문란의 『중국통사간편』(1953-65, 1978-92년에 10권으로 완성), 전백찬의 『중국사강요(綱要)』(1962-66, 1979년에 2권으로 완성; 국역: 『중국전사』, 학민사, 1990), 곽말약의 『중국사고(稿)』(1962-63, 1976-95년에 7권까지 출판, 수당 이후는 미완성)가 있지요. 또 사상사로는 후외로의 『중국사상통사』(1957-63, 1978년에 5권으로 완성)가 있고요. 아울러 백수이와 전백찬은 회족(무슬림) 출신이라는 사실도 지적해두겠어요.

전공자를 위한 이런 통사는 너무 상세하므로, 비전공자를 위해 그 개요만 제시한 것도 있습니다. 백수이의 『중국통사강요』(1980; 영역: *An Outline History of China*, Foreign Languages Press, 1982; 2nd ed., 2002; 국역: 이론과실천, 1991과 학민사, 1990)와 범문란의 『중국통사간편』(1941-42; 국역: 『중국통사』, 인간사랑, 2009)이 그것이지요. 또 후외로의 『중국사상사강(綱)』(1980-81; 국역: 『중국철학사』, 일월서각, 1988-91)이 있고요. 곽말약의 『중국사고』는 축약본이 없는데, 대신 동일한 입장인 서연달·오호곤·조극요의 『중국통사』(1986; 국역: 청년사, 1989)가 있어요. 전백찬의 『중국사강요』는 두 권짜리이므로 축약본이 따로 필요 없고요.

1권 도론(導論, 서론)을 제외한 나머지 11권으로 구성된 백수이의 『중국통사』는 기전체를 비판적으로 계승하여 서설·종술(綜述)·전지(典志)·전기로 구성되어 있습니다. 본기를 대체하는 종술은 역사진화의 추세를 서술하고, 전지는 생산양식과 사회구성체를 서술하며, 전기는 중요한 인물의 활동을 서술하지요. 서설은 자료 및 연구사를 서술하고요. 또 장절체를 수용하기도 하는데, 역사진화의 단계는 장으로 구분하고 개별적 사건은 절로 구분하거든요.

아시아적 생산양식 논쟁

방금 『경제학 비판을 위하여: 1분책』의 「서문」을 둘러싼 논쟁에 대해 설명했는데, 또 다른 논쟁도 있었습니다. '대강 말하자면, 아시아적, 고대적[노예제적], 봉건제적, 현대 부르주아적[자본주의적] 생산양식이 경제적 사회구성체의 진화적 시대(progressive Epochen)로 지칭될 수 있다'는 구절에서 마르크스가 언급한 아시아적 생산양식을 둘러싸고 전개된 논쟁이 그것이었지요.

아울러 『경제학 비판을 위하여: 1분책』의 「서문」에서 제시된 생산양식과 사회구성체의 정의에 대해서도 주목할 필요가 있습니다. 마르크스는 생산력과 그것에 적합한(entsprechen, 조응·일치하는) 생산관계를 생산양식으로 정의했지요. 나아가 생산관계를 사회의 경제적 구조 또는 현실적 토대로 정의했고, 그것에 적합한 법적·정치적 상부구조와 종교적·예술적·철학적 의식형태를 이데올로기적 형태로 정의했어요. 따라서 경제와 이데올로기의 결합을 경제적 사회구성체 또는 좀 더 간단하게 사회구성체로 정의할 수 있지요.

아시아적 생산양식 논쟁에 대한 문헌도 역시 방대합니다. 일단 그 개관으로는 미국의 마르크스주의 인류학자 던(Stephen Dunn)의 *The Fall and Rise of the Asiatic Mode of Production* (Routledge & Kegan Paul, 1982), 미국의 역사학자 포겔(Joshua Fogel)의 "The Debates over the Asiatic Mode of Production in Soviet Russia, China, and Japan" (*American Historical Review*, Feb. 1988), 오스트레일리아의 마르크스주의 경제학자 맥팔레인(Bruce McFarlane) 등의 "The Asiatic Mode of Production: A New Phoenix?" (*Journal of Contemporary Asia*, 2005 No. 3 & No. 4)를 참고할 수 있어요.

아시아적 생산양식에 대한 마르크스의 언급은 1850년대에 집필한 인도에 대한 저널리즘으로 소급되는 것이었습니다. 그런데 당시 마르크스가 참고할 수 있었던 문헌은 동양의 전제군주정에 대한 서양의 편견을 반영한 것이었어요. 이것은 사실 이란(페르시아)에 대한 아리스토텔레스의 편견으로 소급하는 것이기도 했는데, 마르크스가 헤겔을 통해 그런 편견을 계승했다고 할 수도 있지요.

아시아적 생산양식에 대한 논쟁은 러시아사회성격 논쟁에서 이미 전개되었던 것입니다. 레닌은 러시아의 봉건제적 보편성보다는 오히려 아시아적 특수성을 강조한 플레하노프를 비판하면서 아시아적 생산양식론을 '국가봉건제론'으로 대체했는데, 1860년대 이후 마르크스(『자본』)와 특히 엥겔스(『가족, 사유재산, 국가의 기원』)가 아시아적 생산양식론에 대해 언급하지 않았다는 사실을 전거로 제시했지요. 플레하노프는 부르주아 민주주의혁명과 프롤레타리아 민주주의혁명, 중국식으로 말해서 구민주주의혁명과 신민주주의혁명이 두 단계라는 주장(2단계혁명론)을 제시한 반면 레닌은 한 단계의 두 과정(1단계2과정혁명론)이라는 주장을 제시했고요.

1917년 러시아혁명 이후 1930년대까지도 아시아적 생산양식에 대한 논쟁이 지속되었는데, 결국 스탈린이 아시아적 생산양식론을 폐기하면서 종결되었습니다. 방금 언급한 알튀세르는 아시아적 생산양식론을 폐기한 것은 스탈린의 죄과가 아니라 오히려 공적이었다고 평가했는데, 당연한 일이에요. 스탈린은 레닌의 국가봉건제론을 옹호했을 따름이거든요.

그러나 1960년대에 스탈린 비판과 관련해서 아시아적 생산양식 논쟁이 부활했습니다. 『경제학 비판 개요』('1857-58년 원고')에서 마르크스가 자본주의 이전의 사회구성체를 각각 아시아적·그리스-로마적·게르만적 원시공동체에서 유래하는 아시아적·노예제적·봉건제적 생산양식으로 설명한 것이 결정적인 계기였지요. 또 전세계적 차원에서 논쟁이 전개되었는데, 특히 마르크스주의 인류학자 고들리에가 주도한 프랑스공산당 내부의 논쟁이 주목받았어요.

물론 중국에서도 아시아적 생산양식 논쟁이 전개되었는데, 모택동·진백달이 제시한 봉건제의 아시아적 변종이라는 해석으로 정리되었습니다. 그러나 문화혁명이 종식되고 모택동이 사망한 이후에 논쟁이 또다시 제기되었지요. 자세한 내용은 중국사회과학원역사연구소의 『아시아 생산방식』(1981; 국역: 신서원, 1991)을 참고할 수 있는데, 추가적으로 주목할 만한 사항은 별로 없어요.

1960년대의 국제적 논쟁과정에서 아시아적 생산양식에 대한 다양한 해석이 제기되었습니다. 최초의 계급적 생산양식, 노예제의 아시아적 변종, 봉건제의 아시아적 변종이라는 세 가지 해석이 그것이었어요. 프랑스에서는 최초의 계급적 생산양식이라는 고들리에의 해석이 우세했고, 소련에서는 노예제의 아시아적 변종이라는 스트루베의 해석이 우세했고요.

반면 당시 프랑스에서 활동하던 마오주의 경제학자 아민(Samir Amin)은 봉건제의 아시아적 변종이라는 모택동·진백달의 해석을 채택하면서 공납제적 생산양식이라는 개념을 제시했습니다. 공납(貢納, tribute)의 어원은 라틴어 트리부툼(*tributum*)인데, 조세라는 의미였지요. *Class and Nation: Historically and in the Current Crisis* (Monthly Review Press, 1980 [1979]; 국역: 미래사, 1986)를 참고하세요. 또 거의 동일한 입장인 미국의 마르크스주의 인류학자 울프(Eric Wolf)의 *Europe and the People without History* (University of California Press, 1982)도 참고할 수 있고요.

아민은 그리스-로마에 국한된 노예제를 폐기하고 자본주의 이전의 계급적 생산양식을 공납제로 일원화했습니다. 동양의 공납제는 집권화로 특징지어진 반면 서양의 봉건제는 분권화로 특징지어졌다는 사실에 주목하면서 후자가 아니라 전자가 자본주의 이전의 계급적 생산양식을 대표한다고 주장한 것이었지요. 강력한 국가가 조세를 부과한 것이 동양의 공납제인 반면 취약한 국가로 인해 조세가 존재할 수 없었던 것이 서양의 봉건제였다는 것이에요. 쉽게 말해서 봉건제는 공납제의 '후진적이고 불완전한' 형태였을 따름이라는 것이 그의 주장이었지요.

『자본』 3권의 47장인 「자본주의적 지대의 발생」에서 제시된 봉건지대론을 통해 아민의 주장을 이론화해볼 수 있습니다. 그러나 먼저 마르크스가 생산양식과 사회구성체에 대한 또 다른 정의를 제시했다는 사실에 주목할 수 있지요. 생산양식은 잉여노동을 착출하는 역사적으로 특수한 방법이고, 생산관계는 생산력에 적합한 소유자와 노동자의 관계라는 것이었지요. 또 생산관계에 적합한 역사적으로 특수한 경제적·정치적 형태 또는 오히려 제도가 존재한다는 것이었는데, 이런 경제적·정치적 제도를 사회구성체라고 부를 수 있겠지요.

『자본』 3권에서 제시된 정의는 『경제학 비판을 위하여』의 「서문」에서 제시된 정의를 발전시킨 것이었습니다. 먼저 『자본』 1권의 집필을 계기로 해서 생산양식을 잉여노동의 착출방법이라는 관점에서 좀 더 정확하게 정의했지요. 달리 말해서 자본주의나 봉건제의 분석에서 잉여노동을 착출할 수 있는 산업노동자와 농노·소작농이 중심적이고 그럴 수 없는 자영업자와 자작농은 주변적이라고 할 수 있다는 것이었어요.

나아가 사회구성체의 정의도 변화했습니다. 더 이상 경제와 이데올로기의 결합이 아니라 생산양식의 재생산에 기여하는 경제적·정치적 제도로 정의된다는 것이었어요. 특히 이데올로기를 물질화하는 제도에 대한 관심이 부각되었다는 사실에 주목할 수 있지요. 또 경제적 제도가 존재하므로 역시 경제적 이데올로기도 존재한다고 할 수 있고요.

게다가 '경험적 상황'의 차이 때문에 발생하는 사회구성체의 현상적 변이(Variation/Abstufung, variation/gradation)는 생산양식의 차이가 아니라 그것을 재생산하는 경제적·정치적 제도와 이데올로기의 차이라고 할 수 있습니다. 또 '자연적[지리적] 조건', '민족적 관계[문화적 조건]', '외부로부터 작용하는 역사적 영향' 때문에 이런 변이가 중심과 주변의 차이로까지 확대될 수 있고요.

『자본』 3권의 새로운 정의에 따라 자본주의를 분석할 수 있습니다. 자본-임노동관계라는 생산관계에 적합한 생산력이 기계제대공업이라는 것이 『자본』 1권의 핵심적 주제였거든요. 물론 마르크스가 생산관계에 적합한 경제적·정치적 제도와 이데올로기까지 설명한 것은 아니었어요. 그러나 19세기 영국자본주의와 20세기 미국자본주의를 특징짓는 경제적·정치적 제도를 개인기업·양당의원내각제와 법인기업·양당대통령제로 설명하는 것은 별로 어려운 일이 아니에요. 또 리카도의 고전적 자유주의 이데올로기와 케인즈의 현대적 자유주의 이데올로기를 비교할 수도 있고요.

물론 이런 정의에 따라 봉건제도 분석할 수 있습니다. 마르크스는 봉건제에서 잉여노동을 착출하는 형태인 봉건지대가 노동지대에서 생산물지대를 거쳐 화폐지대로 진화했다고 주장했지요. 동시에 최초의 경제사학자라고 부를 수 있는 존즈의 주장에 따라 토지소유자가 사인(私人, Privatperson)일 경우와 달리 국가일 경우에는 지대와 조세(Steuer)가 일치했다는 사실에도 주목했고요.

마르크스가 자본주의적 소유와 구별되는 봉건제적 소유를 설명하기 위해 법률적 소유(Eigentum, property)와 관습적 점유(Besitz, possession) 또는 사용(Nutznießung, usufruct)을 구별했다는 사실도 지적할 수 있습니다. 국가이든 사인이든 지주는 토지의 법률적 소유자이고 농민은 토지의 관습적 점유자·사용자라는 것이 봉건제적 소유의 특징이라는 것이었어요.

아민이 아시아의 봉건제를 공납제라고 부른 것은 지대와 조세가 일치했기 때문이었습니다. 반면 서양의 봉건제는 그렇지 않았으므로 그냥 봉건제라고 부른 것이었고요. 공납제와 봉건제의 경제적·정치적 제도와 이데올로기에 차이가 있다는 것은 두 말할 나위도 없습니다. 국가를 특징짓는 것은 공권력(öffentliche Gewalt)과 징세(Steuerauflage)인데, 공납제와 달리 봉건제에는 전자만 있었고 후자는 없었거든요.

그런데 이런 차이만 유념한다면, 굳이 공납제라는 용어를 사용할 필요는 없겠습니다. 한두 가지 이유를 제시할 수 있겠지요. 먼저 중국사학계에서는 공납제가 아니라 봉건제라는 용어를 계속 사용하고 있는데, 공납은 주로 공물의 상납이라는 의미였기 때문이에요. 그렇다고 해서 공납제 대신 조세제라고 하는 것도 어색하고요. 역시 봉건제라는 용어를 계속 사용하는 것이 좋겠어요.

방금 자본주의를 대표하는 19세기 영국과 20세기 미국을 비교했는데, 봉건제도 마찬가지로 설명할 수 있습니다. 앞으로 설명할 것처럼, 중국사에서 진한의 봉건제와 명청의 봉건제를 비교할 수 있거든요. 물론 진한과 명청은 두 나라가 아니라 한 나라였어요. 하기야 영국과 미국도 단순히 두 나라가 아니라 앵글로-색슨이라는 공통점을 갖지만요.

나아가 자본주의와 봉건제의 역사동역학도 유사하다는 사실을 설명해보겠습니다. 『마르크스의 '자본'』(공감, 2009)에서 설명한 것처럼, 『자본』 1권에서 마르크스가 제시한 자본주의의 역사동역학의 핵심은 다음과 같이 정의되는 이윤율과 자본생산성이지요.

$$r \equiv \frac{\Pi}{K} \equiv \frac{\Pi}{Y}\frac{Y}{K} \equiv \pi P_K,$$
$$P_K \equiv \frac{Y}{K} \equiv \frac{Y/N}{K/N}.$$

Π가 이윤, K가 자본, Y가 국민소득, N이 산업노동자일 때, 이윤율 $r \equiv \Pi/K$는 이윤분배율 $\pi \equiv \Pi/Y$와 자본생산성 $P_K \equiv Y/K$로 분해되고, 자본생산성 $P_K \equiv Y/K$는 노동생산성 Y/N와 1인당 자본 K/N로 분해된다는 것이에요.

The Crisis of Feudalism: Economy and Society in Eastern Normandy c. 1300-1550 (Cambridge University Press, 1984 [1976])에서 프랑스의 마르크스주의 경제사학자 부아(Guy Bois)가 최초로 주목한 봉건제의 역사동역학도 유사하게 모형화할 수 있습니다. 다만 Π는 지대(지주전호제에서는 주곡인 쌀이나 밀로 측정), K는 토지, Y는 국민소득(쌀이나 밀의 생산량), N은 농민, $r \equiv \Pi/K$는

지대율, $\pi \equiv \Pi / Y$는 지대분배율, $P_K \equiv Y/K$는 토지생산성, Y/N는 노동생산성, K/N는 1인당 토지로 해석하기만 하면 되거든요. 그런데 지대율을 지대량이라고 부르는 반면 지대분배율을 지대율이라고 부르는 경제사의 용어법은 혼동스럽다는 결함이 있어요.

자본주의와 봉건제의 역사동역학에서 핵심은 이윤·지대율 r의 상승과 하락을 설명하는 것입니다. 이윤·지대분배율 π가 불변일 경우 자본·토지생산성 P_K, 즉 노동생산성 Y/N와 1인당 자본·토지 K/N의 비율이 결정적이지요. 다만 자본주의에서는 노동생산성 Y/N와 1인당 자본 K/N의 운동이 연동되는 반면 봉건제에서는 노동생산성 Y/N와 1인당 토지 K/N의 운동이 연동되지 않다는 차이가 있어요.

이런 차이는 물론 자본주의와 봉건제에서 생산력을 발전시키는 방법이 다르다는 사실을 반영하는 것입니다. 한 마디로 말해서 자본주의적 생산력 발전은 노동을 절약하는 대신 자본을 소비하는 방법인 반면 봉건제적 생산력 발전은 토지를 절약하는 대신 노동을 소비하는 방법이라고 할 수 있어요. 자본주의와 달리 봉건제에서는 노동을 절약하는 방법에 한계가 있을 수밖에 없는데, 기껏해야 철제농기구와 우경을 채택하거나 아니면 파종법을 개선하는 방법이 있을 따름이거든요.

이런 차이 때문에 자본주의와 봉건제에서 지대율의 정의가 달라진다는 사실도 지적해두겠습니다. 역시 『마르크스의 '자본'』에서 설명한 것처럼, 자본주의적 지대율은 지대와 자본의 비율로 정의되고, 방금 설명한 것처럼, 봉건제적 지대율은 지대와 토지의 비율로 정의되거든요. 자본주의에서는 토지보다 기계를 비롯한 설비·건물 같은 자본의 비중이 훨씬 크고, 봉건제에서는 철제농기구와 소 같은 '자본'보다 토지의 비중이 훨씬 크기 때문이에요.

자본주의의 역사동역학처럼 봉건제의 역사동역학도 물론 경험적으로 증명해야 하는 것입니다. 또 자본주의의 역사동역학을 영국자본주의나 미국자본주의에서 실증해야 하는 것처럼 봉건제의 역사동역학도 중국봉건제에서 실증해야 하는데, 중국사에 대한 지식이 일천한 현재로서는 역부족임을 고백할 수밖에 없지요. 그나마 한국사에서 봉건제의 역사동역학을 실증할 수 있다는 것으로 당분간 위안을 삼겠어요.

노예제가 그리스-로마에 국한된 것이라는 아민의 주장에 문제가 있다는 사실도 지적해두겠습니다. 서아시아의 메소포타미아와 이집트는 물론이고 중국의 상주도 노예제였거든요. 최초의 계급적 생산양식은 노예제였는데, 『반뒤링』(1877-78)에서 엥겔스가 지적한 것처럼, 야만에서 문명으로의 이행은 '야만적이고 거의 동물적인 수단'에 의존할 수밖에 없었기 때문이에요. 세계사적 차원에서 생산양식이 노예제에서 봉건제를 거쳐 자본주의로 진화했다는 주장은 타당한 것입니다. 다만 민족사적 차원에서도 그렇다고 주장할 수는 없지요. 예를 들어 한국사에서는 노예제를 생략하고 봉건제로 직접 진화했거든요.

생시몽의 노예제·농노제·임노동제 개념을 대체하는 마르크스의 노예제·봉건제·자본주의 개념은 잉여노동을 착출하는 방법으로서 생산양식에 주목하는 것이었습니다. 따라서 생산양식의 차이를 설명하기 위해서는 먼저 생산관계의 '지표'(Anzeiger)이자 생산력의 '척도'(Gradmesser)인 생산수단의 차이를 설명할 필요가 있지요. 노예제에서 가장 중요한 생산수단은 인간이었고, 봉건제에서는 토지였으며, 자본주의에서는 기계(자본)였다는 것이에요. 정복전쟁과 토지개간에도 불구하고 노예와 토지의 재생산에는 한계가 있었다는 것이 적어도 원리적으로는 무한히 재생산될 수 있는 기계와의 차이였어요.

알튀세르의 제자 발리바르가 강조한 것처럼, 생산수단의 차이에 따른 생산양식의 차이를 설명하기 위해서는 생산관계, 즉 생산수단을 둘러싼 소유자(비노동자)와 노동자(비소유자)의 관계에 주목할 필요가 있습니다. 또 생산관계의 진화에 따라 경제외적 강제(außerökonomischer Zwang)가 경제적 강제로 대체되고 또 경제외적 동의라고 할 수 있는 이데올로기와 그것을 물질화하는 제도의 비중이 상승했다는 사실에도 주목할 필요가 있고요.

이런 맥락에서 마르크스가 산업노동자를 '이중적 의미의 자유'(Freiheit in dem Doppelsinn), 즉 생산수단으로부터의 자유라는 의미에서 소유의 박탈과 동시에 인신적 구속으로부터의 자유라는 의미에서 노동력의 상품화로 특징지었던 것입니다. '울부짖는 도구'로서 가축과 거의 동일한 '말하는 도구'로서 노예는 생산수단의 소유와 함께 인신적 자유도 박탈당했고요. 또 토지에 결박된 농노·소작농은 생산수단의 점유가 허용되는 대신 얼마간 인신적으로 구속되었지요. 그러나 생산수단의 점유가 허용되면서 인신적으로 자유로운 경우는 존재한 적이 없어요.

이런 설명을 다음과 같이 도식화할 수 있습니다.

	생산수단 박탈	생산수단 점유
인신적 구속	노예	농노·소작농
인신적 자유	산업노동자	×

생산수단의 소유자이자 노동자인 자작농은 봉건제에서는 농노나 소작농처럼 인신적으로 구속된 반면 노예제에서는 인신적으로 자유로웠지요. 그러나 이미 지적한 것처럼, 잉여노동의 착출에서 자작농은 중심적인 것이 아니라 주변적인 것이었으므로, 생산양식의 분석에서는 제외할 수 있어요.

노예제·봉건제·자본주의에서 생산관계의 차이는 물론 생산력의 차이를 의미하기도 합니다. 달리 말해서 생산관계에 고유한 계급투쟁으로 인해 생산력발전에서도 차이가 발생한다는 것이지요. 생산관계와 그것에 적합한 생산력을 결합하는 생산양식의 차이는 물론 역사동역학의 차이로 표현되는 것이고요.

방금 자본주의와 비교하여 봉건제의 역사동역학에 대해 설명했는데, 그 핵심은 토지생산성과 지대율에 있습니다. 반면 노예제의 역사동역학에서는 토지생산성과 지대율이 별로 중요하지 않아요. 노예제에서 가장 중요한 생산수단은 토지가 아니라 노예였거든요. 정복전쟁에서 승리하여 노예를 확보할 수 있는가 여부가 노예제의 역사동역학에서 핵심이었지요.

마지막으로 야만과 문명의 구별에 대한 설명도 보충해두겠습니다. 이런 구별은 마르크스·엥겔스가 격찬한 바 있는 미국의 인류학자이자 유토피아 사회주의자인 모건이 『고대사회』(1877)에서 최초로 제시한 것이었는데, 『가족, 사유재산, 국가의 기원』(1884)에서 엥겔스도 비판적으로 수용했습니다. 아울러 중국에서는 어렵(漁獵, 어로와 수렵)·채집으로 생활하는 원시인을 야인(野人)이라고 불렀고, 화전원예농이나 유목민 같은 야만인을 이적(夷狄)이라고 불렀다는 사실도 지적해두겠어요.

인간이 원시(savagery, Wildheit)에서 야만(barbarism, Barbarei)을 거쳐 문명(civilization, Zivilisation)으로 진화했다는 것이 모건의 주장이었는데, 엥겔스는 원시를 탐색(foraging)으로 특징짓고 문명을 노동으로 특징지었습니다. 또 전간기에 활동한 오스트레일리아 출신의 영국 마르크스주의 고고학자 차일드는 야만에서 문명으로의 이행을 신석기농업혁명·화전원예농에서 도시국가혁명·관개농으로의 이행으로 설명했고요.

야만과 문명을 구별하지 않고서는 인류사에 대한 설명을 완성할 수 없습니다. 물론 영국의 트로츠키주의자 하먼처럼 이런 구별이 '정치적으로 올바르지'(politically correct) 않다고 주장하는 사람도 있지만요. 야만과 문명의 구별에서 출발하는 인류사로는 미국의 마르크스주의 사회학자 샌더슨(Stephen Sanderson)의 *Social Transformations: A General Theory of Historical Development* (Blackwell, 1995)를 참고하고, 또 그런 시도를 둘러싼 논쟁사로는 그의 *Social Evolutionism: A Critical History* (Blackwell, 1990)를 참고하세요.

중국사에서 봉건제

이제 백수이의 『중국통사강요』의 종술(綜述)과 전지(典志)를 중심으로 현대 이전의 중국사를 개관해보겠습니다. 또 후외로의 『중국사상사강』을 비롯해서 서울대학교 중어중문학과 김학주 교수의 『중국문학의 이해』(신아사, 2007)와 장국풍의 『중국고전소설사의 이해』(1996; 국역: 전남대학교출판부, 2011)도 참고하겠어요.

시대구분

전국시대 이후에는 문헌자료가 풍부한 반면 춘추시대 이전에는 문헌자료가 희소하여 고고학자료에 의존할 수밖에 없습니다. 게다가 문헌자료조차 신화와 전설에 불과한 경우도 많고요. 전해오는 기록이 의심스런 전의(傳疑)시대와 그렇지 않고 믿을 만한 신사(信史)시대를 구별할 필요가 있다는 것이지요.

백수이는 전현대 중국사를 생산양식과 사회구성체의 진화에 따라 원시공동체, 노예제, 봉건제로 시대를 구분하면서 주로 신사시대인 봉건제의 역사를 분석하고 있습니다. 또 원시공동체, 노예제, 봉건제를 원고(遠古), 상고(上古), 중고(中古)라고 부르기도 하는데,

서양사에서도 원고와 상고를 'archaic age'와 'antique age'로 구별하지요. 중고 대신 중세(middle age)라는 용어를 사용하는 것은 물론 고대와 현대를 단절시킨 암흑시대(dark age)라는 르네상스적 무지와 편견에서 비롯되는 것이고요.

원시공동체는 5-4만년 전에 출현한 모계씨족공동체였습니다. 또 5-4천년 전에 출현한 부계씨족공동체는 여전히 원시공동체였으면서도 노예제로 이행하는 계기를 내포했고요. 반면 노예제는 기원전 16세기에 출현한 상왕조와 기원전 11세기에 출현한 주왕조였습니다. 또 기원전 21세기에 출현한 것으로 추정되는 전설상의 하왕조는 원시공동체에서 노예제로의 이행기였고요.

백수이는 곽말약과 후외로의 주장에 따라 기원전 770년부터 221년까지의 춘추전국시대를 노예제에서 봉건제로의 이행기로 설정하고 있습니다. 노예제와 봉건제는 잉여생산물을 생산하는 노동력을 지배하는 방법에 따라 구별되는데, 전자의 직접 지배에 반해 후자는 토지에 대한 지배를 매개로 한 간접 지배라는 특징이 있었지요. 달리 말해서 경제외적 강제에 동의적 요소가 추가되면서 인신적 구속이 얼마간 완화되었다는 것이에요.

『시경』에 '넓은 하늘 아래에 왕의 땅이 아닌 곳이 없고, 온 땅 끝까지 왕의 노예가 아닌 사람이 없다'(普天地下莫非王土, 率土之濱莫非王臣)는 구절이 있었습니다. 그런데 노예제에서는 역시 '왕의 노예'가 강조된 반면 봉건제에서는 역시 '황제의 땅'이 강조되었다는 차이가 있지요. 이것이 바로 봉건제를 특징짓는 황토사상이었거든요.

춘추시대와 전국시대를 구별하는 역사적 지표로 춘추오패 중 하나였던 진(晋)이 위·조·한(韓)으로 분할된 삼진(三晋)의 출현을 설정하는 것이 사마광 이래 관례였습니다. 그러나 이것은 정치사적 관점일 따름이었고 사회경제사적 관점에서는 진(秦)에서 실시된 상앙의 변법(變法, 변혁·개혁)이 훨씬 중요했는데, 조금 이따가 자세하게 설명하겠어요.

백수이는 진황조가 중국을 통일한 기원전 221년부터 청황조가 영국에게 패배한 1840년 아편전쟁까지 2000년 동안 지속된 봉건제를 다음과 같은 네 개의 시대로 구분하고 있습니다.

진한(기원전 221-기원후 196): 봉건제의 성장
위진남북조수당(196-907): 봉건제의 발전
송원(907-1368): 봉건제의 계속적 발전
명청(1368-1840): 봉건제의 쇠퇴

그러나 이런 단선적 시대구분 대신 후외로가 『중국사상사강』에서 제시한 시대구분을 참고하여 봉건제의 발전을 두 개의 순환으로 구별하는 것이 더 낫겠다는 것이 제 생각입니다.

진한(기원전 221-기원후 196): 봉건제 전기 또는 첫 번째 순환의 성장
위진남북조(196-581): 쇠퇴
수당(581-907): 이행
송원(907-1368): 봉건제 후기 또는 두 번째 순환의 성장
명청(1368-1840): 쇠퇴

자본주의의 역사에서도 역시 이런 두 가지 시대구분이 가능합니다. 먼저 19세기의 영국자본주의를 자유경쟁적이고 자유무역적인 것으로 특징짓고 20세기의 미국자본주의를 독점적이고 제국주의적인 것으로 특징짓는 시대구분이 있지요. 그러나 이런 단선적 시대구분 대신 민족적 개인기업이 지배하는 자본주의 전기 또는 첫 번째 순환이 초민족적 법인기업이 지배하는 자본주의 후기 또는 두 번째 순환으로 대체된다는 시대구분이 더 낫다는 것이 제 생각이에요.

저처럼 시대를 구분할 경우에는 봉건제와 자본주의의 역사동역학을 좀 더 명시적으로 고려할 수 있습니다. 자본주의의 역사동역학에서는 자본생산성과 이윤율의 하락에 따라 자본의 집중, 즉 인수·합병(M&A)이 전개된다면, 봉건제의 역사동역학에서는 토지생산성과 지대율의 하락에 따라 토지의 집중, 즉 겸병(兼倂)이 전개

되거든요. 이윤율과 지대율의 하락에 대해 반작용하면서 자본가와 지주가 이윤과 지대의 증가를 시도한다는 것이에요.

진황조의 봉건제는 본질적으로 상앙의 변법에서 유래한 것이었습니다. 상앙의 변법에 의해 주왕조의 노예제를 특징짓던 부계씨족공동체적 정전제(井田制)가 혁파되고 남경여직(男耕女織, 남자는 밭갈고 여자는 길쌈한다)과 일가일호(一家一戶, 1가구 1가족)가 결합된 소농경제가 출현했지요. 이전에는 남경여직과 일가일호가 결합되지 않았는데, 남경여직의 남과 여는 부부가 아니라 장(臧)이라고 불리던 남자노예와 획(獲)이라고 불리던 여자노예였거든요.

부계씨족공동체적 정전제를 혁파한 상앙의 변법은 노예제의 집단노동을 봉건제의 개인노동으로 대체하는 생산관계의 변혁이었습니다. 이렇게 생산관계가 변혁되면서 그것에 적합한 제도도 변혁되었는데, 방금 설명한 경제적 제도의 대체와 함께 종법제(宗法制, 사법으로서 가족법)와 분봉제(分封制)도 율령제(律令制, 공법으로서 형법·행정법)와 군현제(郡縣制)로 대체되었다는 사실에 주목할 필요가 있지요. 율령제와 군현제는 중국봉건제의 두 번의 순환 전체를 특징짓는 가장 중요한 정치적 제도였어요.

물론 한황조의 봉건제에 고유한 특징도 있었습니다. 한무제에 의해 확립된 한황조의 봉건제는 황토사상에 따라 지대와 조세를 통일시켰지요. 따라서 한황조의 지주는 조세로서 지대를 수취하는 권리, 즉 수조권(收租權)을 분급받았는데, 후외로는 이것을 영호제(領戶制), 즉 영지와 농호(農戶, 호적농민)의 분급제라고 부르지요. 또 백수이는 이런 세습적 특권을 갖는 지주를 세가지주(世家地主, aristocratic landlord), 즉 귀족지주라고 부르고요.

방금 노예제와 봉건제의 차이는 경제외적 강제에 동의적 요소를 추가함으로써 인신적 구속을 얼마간 완화한 데 있었다고 했습니다. 바로 이 점에서 유가를 배척하고 법가를 존숭한 진황조의 봉건제는 결함을 갖는 것이었지요. 한무제가 동중서를 등용하여 유가를 복권시킨 것은 이런 결함을 해결하려는 시도였고요.

진한에 의해 중국이 최초로 통일되었다는 사실에도 주목할 필요가 있습니다. 백수이는 중국사의 지리적 범위를 황하 유역의 화북/중원, 양자강 유역의 화남/강남, 요하 유역의 동북/만주라는 3대평원으로 설정하지요. 그런데 진한에 의해 화북과 화남이 통일되면서 한족(漢族)이 형성되었던 것이에요. 반면 동북에는 기미주(羈縻州, 식민지)인 한사군이 설치되었고요.

진한에서 위진남북조로의 이행은 봉건제의 역사동역학으로 설명할 수 있습니다. 진한의 세가지주는 위진남북조의 문벌지주(門閥地主, landlord of privileged family)로 대체되었는데, 양자의 차이는 토지겸병의 진전과 황토사상의 약화에서 발견할 수 있거든요. 세가지주의 특징은 집권화된 수조권인 반면 문벌지주의 특징은 분권화된 수조권이었다고 할 수 있고요. 그러나 집권화 여부와 무관하게 수조권은 모두 세습적 특권이었지요.

동시에 황토사상의 강화와 토지겸병의 제동을 통해 수조권을 집권화하려는 시도도 출현했습니다. 문벌지주를 억제하려던 위황조의 둔전제가 그것이었는데, 그러나 진황조의 점전제는 문벌지주에 대한 양보였지요. 또 진황조를 계승한 남조에서 문벌지주는 더욱 득세한 반면 위황조를 계승한 북조는 균전제를 통해 문벌지주를 억제했고요.

이미 지적한 것처럼, 백수이는 수당을 송원이 아니라 위진남북조와 연결하고 있는데, 수당이 북조의 균전제를 계승했다는 점에서는 일리가 있다고 할 수 있습니다. 만일 수당이 북조가 아니라 남조를 계승했다면, 중국도 유럽처럼 분권화된 봉건제로 이행했겠지요. 그러나 백수이도 인정하는 것처럼, 수당에서는 위진남북조의 문벌지주와 송원의 품관지주가 공존하고 있었다는 사실에도 주목할 필요가 있습니다. 수당을 위진남북조에서 송원으로의 이행기로 간주할 수 있는 것은 이 때문이지요.

송원의 품관지주(品官地主, bureaucrat landlord), 즉 관료지주는 원칙적으로 수조권이 아니라 소유권을 전세하는 것이었습니다. 또 세가지주나 문벌지주와 달리 품관지주에게는 세습적 특권이 아주 제한적이었다는 사실에도 주목할 필요가 있어요. 세습되는 것이 아니라 상속되는 것인 품관지주의 소유권은 더 이상 특권이라고 부를 수조차 없지요. 달리 말해서 귀족제가 관료제로 이행했다는 것이에요.

품관지주로 상징되는 봉건적 생산관계의 새로운 제도를 영호제와 구별하여 지주전호제라고 부를 수 있습니다. 또 토지국유제인 영호제가 토지사유제인 지주전호제로 이행하면서 지대가 조세와 분리되었고요. 물론 황토사상이 소멸했다는 것은 아닌데, 대신 토지제도에서 분리된 조세제도와 관련되었다는 사실에 주목할 필요가 있지요.

영호제의 농민과 지주전호제의 농민도 차이가 있었습니다. 전자의 농호는 토지에 결박된 농노인 반면 지주전호제의 전호(佃戶)는 점차 토지로부터 해방된 소작농이었거든요. 쉽게 말해서 농노에 대한 경제외적 강제가 소작농에 대한 경제적 강제로 점차 대체되었다는 것이에요. 이에 따라 경제외적 동의에서도 변화가 발생했는데, 이것이 한황조의 유학을 대체하는 송황조의 신유학이었지요.

백수이에 따르면, 위진남북조와 수당은 화북에서 한족과의 잡거(雜居)를 통해 동북의 소수민족이 봉건화되기 시작한 시기이기도 했는데, 이런 과정은 송원에서 완료되었습니다. 또 수리관개시설의 보급과 화북농법의 전파로 인해 호수와 습지가 많았던 강남의 농업이 충적황토지대인 화북의 농업을 추격·추월하게 되었지요. 이런 관점에서 그가 위진남북조수당을 봉건제의 발전으로 특징짓고 송원을 봉건제의 계속적 발전으로 특징짓는 것이에요.

명청에서 지주전호제가 계속 발전한 결과 품관지주가 관신지주(官紳地主, scholar-official [gentry-bureaucrat] landlord)로 대체되었습니다. 관신지주는 품관지주와 동시에 향신지주(鄕紳地主)를 의미했는데, 전자가 대지주이자 부재(不在)지주인 반면 후자는 중소지주이자 재지(在地)지주였지요. 관신지주를 사대부지주(士大夫

地主)라고 부를 수도 있어요.

방금 영호제가 지주전호제로 대체되면서 황토사상은 토지제도에서 분리된 조세제도와 관련된다는 사실을 강조했습니다. 진한 이후 조세제도는 수당의 조용조(租庸調)로 완성되었는데, 이것이 바로 생산물지대인 지조(地租, 토지세)와 호조(戶調, 공물), 노동지대인 정용(丁庸), 즉 요역(徭役, 노역)이었지요. 그런데 생산물지대보다 노동지대가 과중하다는 것이 항상 문제였어요.

반면 송원 이후의 조세제도는 노동지대를 생산물지대로 대체하는 것이었습니다. 그 효시는 당황조 중기에 양염이 실시한 양세법(兩稅法)이었지요. 명황조의 장거정은 양세법을 일조편법으로 대체했는데, '鞭'은 '編'이었으므로 '一條鞭'은 노동지대를 생산물지대와 '하나로 엮는다'는 의미였어요. 또 청황조의 강희제는 일조편법을 지정은세법(地丁銀稅法)으로 완성했고요. 일조편법과 지정은세법은 생산물지대를 화폐지대로 대체하려는 시도이기도 했지요.

명청을 백수이처럼 봉건제의 쇠퇴기라고 부르거나 후외로처럼 봉건제 후기 또는 두 번째 순환의 쇠퇴기라고 부르는 데는 이견이 있을 수 있습니다. 누 사람 모두 사본주의의 맹아를 강조히기 때문인데, 그러나 이것은 봉건제에서 자본주의로의 이행과 별로 관계가 없지요. 쉽게 말해서 맹아(萌芽), 즉 씨앗이 모두 꽃과 열매가 되는 것은 아니라는 것이에요.

신화와 전설의 시대: 원시공동체

5-4만년 전에 출현한 모계씨족공동체는 자연적 분업으로서 성별 분업에 따라 수렵·어로와 채집으로 생활한 유랑집단이었습니다. 그러나 7-6천년 전에 농업이 출현하면서 정착하게 되었지요. 채집을 대체한 농경은 원시적인 화전원예농이었고, 이 때문에 생산수단은 주로 괭이 같은 개간도구였어요. 또 수렵·어로를 보충하

기 위한 목축이 출현하기도 했고요.

또 5-4천년 전에 화전원예농이 관개농으로 이행하면서 부계씨족공동체가 출현했습니다. 먼저 생산량이 증가하면서 점차 낫 같은 수확도구가 발전했지요. 이 시기에는 홍동기가 사용되기도 했는데, 그러나 생산수단은 여전히 석기와 목기였어요. 또 목축이 발전하면서 수렵·어로가 점차 소멸하기도 했고요.

동시에 남경여직(男耕女織, 남자는 밭갈고 여자는 길쌈한다)이라는 새로운 성별 분업이 출현했다는 사실에 주목할 수 있습니다. 또 농경과 함께 목축도 역시 남자가 담당하게 되면서 가축을 대상으로 한 사유재산이 출현하기도 했고요. 사유재산의 상속을 위해 일부일처제가 출현했는데, 그러나 아직 일가일호(一家一戶, 1가구 1가족)는 아니었어요. 쉽게 말해서 핵가족이 아니라 가부장제적 확대가족이 지배적이었다는 것이에요.

부계씨족공동체는 점차 부족을 거쳐 부족연맹으로 이행했습니다. 신화에 나오는 황제와 치우의 탁록야전, 즉 황하 상류의 화하족(華夏族)과 하류의 동이족(東夷族) 사이의 갈등은 부족연맹의 주도권을 둘러싸고 발생한 것이었지요. 반면 양자강 유역의 남만족(南蠻族)은 아직 주도권 쟁탈전에 참여하지 못했고요.

부족연맹의 수령을 선발하는 방법은 치수(治水)라는 공무(公務)의 수행능력에 따른 추천제였습니다. 또 화하족과 동이족이 번갈아 선출되는 윤번제이기도 했고요. 요와 순, 순과 우 사이의 선양(禪讓)은 이런 의미였는데, 요와 우는 화하족이었고 순은 동이족이었거든요. 이런 상황을 가리켜 천하위공(天下爲公, 천하는 공적이다) 또는 공천하(公天下)라고 했던 것이지요.

우의 아들 계가 그를 계승하자 천하위가(天下爲家, 천하는 사적이다) 또는 가천하(家天下)로 이행하면서 기원전 21세기에 전설상의 하왕조가 출현했습니다. 추천제·윤번제가 세습제로 대체되면서 군장(chief, 수령)이 군주(king)처럼 행세했던 것이지요. 그러나 하왕조는 여전히 국가가 아니라 부족연맹이었어요.

상주: 노예제

기원전 16세기에 걸의 폭정으로 인해 인심이 그와 '함께 죽기'를 원하는 데까지 이르자 탕이 하왕조를 멸망시키고 상왕조를 창업했습니다. 이것이 최초의 노예제 도시국가였는데, 노예의 재생산을 위해 정복전쟁이 중시되면서 청동제무기가 사용되었고 나중에는 전차도 출현했지요. 또 제정일치가 제정분리로 이행하기도 했고요. 그러나 상왕조의 실체에 대해서는 여전히 미지의 영역이 많이 남아 있어요.

기원전 11세기에 출현한 주왕조는 두 번째 노예제 도시국가였습니다. 문왕은 상왕조의 서북변경을 방어하던 제후였는데, 상왕조 말에 주의 폭정을 계기로 그의 아들 무왕이 자신의 동생 주공(周公)과 함께 상왕조를 멸망시키고 주왕조를 창업했지요. 유가에서 말하는 선왕(先王)은 요·슌에서 우·탕을 거쳐 문왕·무왕·주공으로 이어졌지요. 물론 요·순은 부족연맹의 수령이었고, 문왕·주공은 제후였을 따름이지만요.

이제 상주의 노예제적 생산양식과 사회구성체를 간단하게 정리해보겠습니다. 주왕조는 종법에 따라 책봉(冊封, 제후의 임명)·분봉(分封, 제후국의 분급)했지요. 주왕조의 제후국인 봉국(封國) 중에서 가장 중요한 것은 황하 이북의 진(晋)과 연, 황하 이남의 제와 노, 양자강 하류의 오였어요. 주왕조는 사실 이런 봉국 중 하나를 통치했다고 할 수 있는데, 왕이 직접 통치한 곳을 왕기(王畿, 왕도 근처), 좀 더 쉬운 말로 경기(京畿, 서울 근처)라고 불렀지요.

진·제·오와 함께 춘추오패가 된 초·월은 본래 주왕조의 봉국이 아니었습니다. 또 삼진(三晋, 위·조·한)·제·연·초과 함께 전국칠웅이 된 진(秦)은 춘추시대에 주왕조가 쇠퇴하면서 서북변경을 방어하게 된 새로운 봉국이었고요. 주공의 봉국인 노는 춘추오패도 아니었고 전국칠웅도 아니었지만, 백가쟁명의 발원지였지요. 춘추전국시대에도 주왕조는 존속했지만 유명무실했고요.

왕과 제후 이외의 노예소유주로는 그들의 가신인 대부(大夫)가 있었습니다. 대부를 경대부라고 부르기도 했는데, 경(卿)은 상급의 대부라는 의미였지요. 또 공(公)은 상급의 제후라는 의미였고요. 대부는 왕기나 봉국의 일부를 채읍(采邑)으로 분급받았어요. 주왕조 노예제의 특징은 혈연으로 이어진 왕·제후·대부가 통치하는 왕기·봉국·채읍이라는 등급제에 있었지요.

주왕조에는 국인(國人)이라고 불린 평민도 있었습니다. 그들은 도시에 거주했는데, 국은 왕기나 봉국의 도성이라는 의미였지요. 반면 노예는 야인(野人)이라고 불렸습니다. 그들은 농촌에 거주했는데, 정전제에 따라 부계씨족공동체 단위로 농업에 종사했습니다. 농민이자 전사이기도 했던 국인은 노예의 재생산을 위한 정복전쟁에 동원되었고, 노예는 잉여노동을 담당한 노동자였지요.

노예제였던 상왕조와 주왕조에서는 농법이 발전하지 못했습니다. 상왕조의 농법을 요황법(撩荒法)이라고 불렀는데, 거칠어진 땅을 묵혀두는 방법이었어요. 주왕조의 농법은 휴경법(休耕法)이었고요. 요황법과 휴경법은 아직 시비법(施肥法, 거름을 주는 방법)을 발명하지 못한 상황에서 지력을 회복하려던 초보적 방법이었다고 할 수 있지요.

춘추전국시대: 상앙의 변법과 봉건제로의 이행

기원전 770년 이후의 춘추시대를 특징짓는 것은 노예를 겸병하기 위한 봉국간 정복전쟁이었습니다. 그 결과 1800여개의 봉국은 100여개로 축소되었는데, 그 중 가장 중요한 것이 춘추오패라고 불리던 제·진(晋)·초·오·월이었지요. 이미 지적한 것처럼, 초·월은 본래 주왕조의 봉국이 아니었지만요. 또 존왕(尊王)을 표방한 제·

진의 제후와 달리 초·오·월의 제후는 칭왕(稱王)하기도 했고요.

춘추시대의 세력관계는 본질적으로 중원에 위치한 제·진이 중원으로 진출하려던 초를 견제한 것이었습니다. 새로운 봉국인 진(秦)은 제·진에 의해 중원으로의 진출이 좌절되자 초와 연대했고요. 맹자는 춘추오패에 진(秦)·송을 포함했고, 순자는 오·월을 포함했는데, 전자보다는 후자가 타당할 것 같아요. 진(秦)은 중원으로 진출하지 못했고 또 송은 약소국이었을 따름이거든요.

이렇게 초와 대치하는 상황에서 제·진의 제후와 대부 사이에 갈등이 발생하면서 오와 월이 흥기했습니다. 진이 후원한 오와 초가 후원한 월이 최후의 춘추오패였는데, 그러나 오는 곧 월에게 패망했고 또 월도 곧 초에게 병합되었어요. 급기야 기원전 403년에 진이 위·조·한의 삼진으로 분열되는 동시에 기원전 386년에 강태공의 봉국인 제에서 전(田)씨가 집권하면서 춘추시대에서 전국시대로 이행했고요.

전국시대에는 존왕 여부가 쟁점이 아니었습니다. 따라서 남북대결이 아니라 위·조·한·제·연·초·진이라는 전국칠웅의 상호대결이 전개되었는데, 연은 상대적으로 약세였지요. 전국시대에 각국은 부국강병을 위한 변법을 실시했습니다. 유가의 후예인 위의 이회와 초의 오기(위(衛) 출신)가 실시한 변법이 효시였지요. 또 한과 제에서도 변법이 실시되었는데, 다만 조는 변법 대신 흉노족의 기마궁술을 채택했어요. 일련의 변법을 집대성한 것은 물론 기원전 359-38년에 진의 상앙(위(衛) 출신)이 실시한 변법이었고요.

이미 설명한 것처럼, 상앙의 변법은 주왕조의 종법제와 분봉제를 율령제와 군현제로 변혁했습니다. 그 결과 제후는 귀족으로 대체되었는데, 전자의 특권은 혈연에서 유래한 반면 후자의 특권은 군공(軍功)에서 유래했지요. 또 노예가 농노로 대체되었는데, 전자가 부계씨족공동체의 집단노동을 수행한 반면 후자는 일가일호의 개인노동을 수행했어요.

이렇게 생산관계가 변혁됨에 따라 생산력이 발전할 수 있었습니다. 전국시대부터 철기시대가 시작되었는데, 홍동기·청동기와 달리 철기는 무기인 동시에 생산수단이기도 했지요. 그래서 쟁기 같은 철제농기구를 이용한 우경(牛耕)이 보급될 수 있었던 것이에요. 또 휴경법을 개선한 삼포법(三圃法), 즉 땅을 셋으로 나누어 그 중 하나를 묵히는 방법과 함께 분종법(糞種法), 즉 거름과 씨앗을 섞는 방법 같은 초보적 시비법도 출현했고요.

전국시대 초기에는 위가 강세였는데, 제에게 패배하면서 쇠퇴했습니다. 이 때의 일화가 바로 위의 방연과 제의 손빈의 대결이었지요. 묵자의 친구인 귀곡자에게 동문수학한 방연의 배신으로 불구가 된 손빈이 그에게 복수했거든요. 손빈은 초 출신 오원(자서)과 함께 오를 춘추오패로 부상시키는 데 기여한 제 출신 손무의 손자였는데, '오손자' 손무와 '제손자' 손빈이 병가의 창시자였지요. 모택동이 사마천의 육가는 물론이고 반고의 십가에도 포함되지 않은 병가에게 특히 주목했다는 사실을 지적해두겠어요.

반면 상앙의 변법으로 새로운 강국으로 부상한 것은 진이었습니다. 이 때의 일화가 역시 귀곡자에게 동문수학한 연의 소진과 진의 장의의 대결이었지요. '차라리 닭부리가 되더라도 암소똥구멍은 되지 말자'(寧爲鷄口勿爲牝後)고 호소하면서 진에 대항하는 제·초의 연대를 추진한 소진의 남북합종책을 장의가 동서연횡책으로 논파했거든요. 그 후 진은 범수의 원교근공(遠交近攻)책에 따라 초를 공격했는데, 이 시기에 제와 연은 영토분쟁으로 공멸했어요. 기원전 246년에 즉위한 진시황제는 230년부터 한·조·위·초·연·제를 차례로 멸망시키고 221년에 최초로 중국을 통일했지요.

노예제에서 봉건제로의 이행에서 노예는 별다른 역할을 하지 못했습니다. 노예의 계급투쟁은 도주하거나 아니면 도적이 되는 것이었을 따름이거든요. 전국시대의 가장 유명한 도적의 수령이 도척(盜跖)이었지요. 물론 로마의 스파르타쿠스처럼 봉기한 노예도 있었겠지만, 중요한 사례는 별로 없었던 것 같아요.

노예제에서 봉건제로 이행하면서 경제외적 강제에 동의적 요소가 추가되었다고 했는데, 바로 이 점에 주목하는 것이 베버를 따라 야스퍼스가 제시한 기축시대라는 개념입니다. 그런데 그의 개념은 유다교·기독교와 그리스철학의 출현에 주목한 것이므로 한계가 있었지요. 중국의 기축시대에는 제자백가가 경세학을 둘러싸고 논쟁을 전개했고 또 유가는 사학을 창시하기도 했거든요. 그러나 여기서는 제자백가에 대한 개관만 제시하고 경세학에 대해서는 나중에 설명하겠어요. 사학에 대해서는 이미 설명했고요.

제자백가의 효시는 춘추시대 말기에 노의 공자가 창시하여 위(衛)·진(晋)·제로 전파된 유가였습니다. 공자의 행단강학(杏壇講學)은 관학(官學)에서 독립한 사학(私學)을 통해 왕후나 대부가 아닌 평민을 교육하기 위한 것이었지요. '교육에 차별이 없다'(有敎無類)는 것이 그의 주장이었는데, 다만 '재능에 따라 교육한다'(因才施敎)는 조건은 있었어요.

이미 설명한 것처럼, 공자는 『춘추경』이라는 최초의 사서를 저술했습니다. 또 그는 '선왕을 본받는다'(法先王)는 복고주의적 입장에서 인의(仁義)와 예악(禮樂)에 주목했지요. 예와 악이라는 형식이 각각 의와 인이라는 내용을 표현한다는 것이 그의 주장이었어요. 또 인의는 애인(愛人, 사람에 대한 사랑)을 의미했고요. 그런데 문제는 애인에 등급이 있다는 그의 주장이었는데, 이것에 대한 가장 중요한 비판은 묵자가 제기했지요.

전국시대에 공자의 유가에 대한 비판을 통해 제자백가가 출현하여 백가쟁명을 전개했는데, 그 효시는 노의 묵자가 창시했고 나중에 초·진(秦)으로 전파된 묵가였습니다. 유가 출신인 묵자는 겸애(兼愛, 보편적 사랑)를 주장하면서 애인의 등급을 부정했습니다. 또 예악도 부정했고요. 인의를 표현하는 예악에도 역시 등급이 있을 수밖에 없었기 때문이지요.

그러나 묵자도 공자처럼 복고주의적으로 '선왕을 본받는다'고 주장하기는 마찬가지였습니다. 다만 요·순·우·탕·문·무·주공 중 어떤 선왕을 본받는가에서 차이가 있었을 따름이지요. 주왕조의 선왕을 본받으려던 공자를 비판하면서 묵자는 오히려 그 이전의 선왕으로 소급했다고 할 수 있거든요.

공자보다 약간 선배인 초의 노자가 창시하여 제로 전파된 도가에도 주목할 수 있습니다. 그는 일종의 자연철학을 통해 무위이치(無爲而治, 인위가 아니라 자연으로 다스린다)와 소국과민(小國寡民, 작은 국토와 적은 백성)이라는 이상을 제시했지요. 또 그의 후예인 송의 장자는 '짐승과 무리지어 함께 산다'(與禽獸同群共存)는 이상을 제시했고요. 도가의 아나키즘적·니힐리즘적 복고주의는 원시공동체로 돌아가자는 것이었어요.

그러나 유가의 발전을 자극한 것은 묵가·도가와의 논쟁뿐만 아니라 특히 상앙의 변법이기도 했습니다. 먼저 추(鄒, 노의 속국)의 맹자는 공자의 경세학을 개조하기 위해 인정(仁政)과 민본(民本)이라는 개념을 제시했지요. 그러나 항산(恒産)을 보장하기 위해서는 정전제를 복원해야 한다는 주장에서 그가 여전히 복고주의 역사관에서 탈피하지 못했다는 사실을 알 수 있는데, 나중에 경세학사에서 자세하게 설명하겠어요.

또 맹자의 후배 순자(조 출신)는 예와 법을 동일시하면서 유가를 법가로 변모시켰고, 그의 제자 한비자(한 출신)는 법가를 체계화했습니다. 한비자는 상앙의 변법을 옹호하기 위해 이제까지 중국사의 시대를 상고(上古, 짐승과 공존), 중고(中古, 하), 근고(近古, 상주)로 구분했는데, 이로써 복고주의 역사관을 대체하는 진화주의 역사관이 최초로 출현한 셈이었어요.

한비자가 상앙을 비판하기도 했다는 사실에 주목할 수 있습니다. 변법을 위해서는 관리가 백성을 다스리는 제도인 법(法)뿐만 아니라 또한 술(術)과 세(勢)도 필요했는데, 그가 법만 중시했고 술과 세는 경시했다는 것이지요. 군주가 관리를 다스리는 술수인 술은 한에서 변법을 주장한 신불해(정 출신)의 개념이었고, 군주의 권세인 세는 제에서 변법을 주장한 신도(월 출신)의 개념이었어요. 한비자 자신은 법·술·세 중에서 특히 세를 강조했는데, 그가 왕권/

황권주의자였음을 알 수 있는 대목이지요.

명가와 잡가에 대한 설명도 보충해두겠습니다. 명가는 변호사(訟師)였는데, 궤변술을 발전시켰지요. 후외로에 따르면, 명가의 궤변술을 정치와 외교에 적용한 것이 소진·장의 같은 종횡가였어요. 또 잡가는 사마천이 진시황제의 생부라고 주장한 여불위(조 출신)가 유가·도가를 중심으로 제자백가를 절충한 백과전서파였는데, 그러나 독창적 기여는 별로 없었지요. 음양가는 사학사에서 이미 설명했고, 농가와 소설가는 차차 설명하겠어요.

진한: 전기 봉건제의 성장

진황조는 기원전 221년부터 207년까지 존속했습니다. 진황조가 단명한 데는 역시 시황제(始皇帝, 1세 황제)의 폭정이 결정적이었는데, 흉노족을 중원에서 축출하기 위해 진의 장성과 조·연의 장성을 연결하여 만리장성으로 증축한 데다가 아방궁·여산묘를 신축하기 위해 노동지대를 가중시켰거든요. 이미 설명한 것처럼, 당시의 상황에서는 노동지대가 생산물지대를 압도했지요.

동시에 환관 조고의 역할도 컸다는 사실에 주목할 필요가 있습니다. 한비자가 체계화한 법가의 핵심은 황권주의였는데, 그를 모살한 동문 이사(초 출신)가 건의한 바 있는 분서갱유(焚書坑儒)의 목적도 역시 황권의 강화였지요. 그 결과 시황제의 측근에는 '사슴을 가리켜 말이라고 부른다'(指鹿爲馬)는 고사로 유명한 조고밖에 없었어요. 이사조차 결국에는 조고에 의해 제거되었고요.

이런 상황에서 진승이 자신의 친구 오광과 함께 최초의 농민봉기를 주도하면서 '초나라의 부흥·발전'(張楚)을 시도했습니다. 그의 구호는 '왕후장상에 어찌 씨가 있겠는가'(王侯將相寧有種呼), 즉 상앙의 변법처럼 군주와 제후, 장군과 재상은 혈연이 아니라 군공에 따라 결정된다는 것이었지요. 농민봉기는 내부분열로 인해 반 년만에 진황조에 의해 진압되고 말았어요.

그러나 농민봉기의 와중에 거병한 초나라 장군의 후예인 항우가 농민 출신인 유방과 함께 진황조를 멸망시켰습니다. 그 후 항우는 초패왕(楚覇王)을 자임하면서 유방을 한중왕(漢中王)에 책봉했지요. 결국 살인자·상해자·도적만 처벌한 약법삼장(約法三章)으로 인심을 얻은 유방이 학살·약탈을 자행한 항우를 패망시키고 기원전 202년에 한고조로 등극했고요.

그 후에도 60여년에 걸쳐 창업기가 지속되었는데, 군현을 압도한 봉국을 혁파할 필요가 있었기 때문입니다. 한고조는 자신의 공신인 이성왕(異姓王)의 봉국을 자신의 후손인 동성왕(同姓王)의 봉국으로 교체했는데, '토끼를 죽인 다음 사냥개를 삶아먹는다'(兎死狗烹)는 고사의 연원이었지요.

결국 한무제 때 수성기가 시작되었는데, 그는 법가인 가의와 조조(晁錯)의 건의에 따라 동성왕의 봉국을 축소·약화시켜 군현에 종속시킴으로써 비로소 한황조의 봉건제를 특징짓는 영호제를 창설했습니다. 동시에 수리관개사업과 다양한 농법으로 진시황제의 폭정과 그간의 전란에 의해 피폐되었던 농업의 생산력을 회복시키면서 봉건제가 성장할 수 있는 계기를 제공했고요.

한무제는 동중서를 기용하면서 '유가만을 존숭한다'(獨尊儒術)고 천명하기도 했습니다. 그러나 실제의 상황은 조금 달랐는데, '안으로는 법가를 존숭하면서 겉으로는 유가를 존숭한다'(內法外儒, 陰法陽儒)고 할 수 있었거든요. 달리 말해서 창업이 완료되고 수성이 시작되는 상황에서 법가를 유가로 보충했다는 것이에요. 법가는 창업의 방법인 패도였을 따름인 반면 수성의 방법인 왕도로는 결함이 있었다는 사실은 이미 진의 유학자 조량이 상앙에게 지적한 바 있지요.

그러나 동중서 자신도 한비자처럼 황권주의에 충실했습니다. 이 때문에 그가 유가를 관학화했고, 심지어 신학화했던 것이지요. 그의 천인감응설은 유가보다는 오히려 전국시대 초·연·제에서 성행했던 음양가와 친화성을 갖는 것이었어요. 물론 동중서는 맹자를 계승하기도 했습니다. 정전제를 복원하는 것이 불가능한 상황에서 한전제(限田制)를 대안으로 제시하기도 했거든요.

한고조와 달리 한무제의 대외정책이 공격적이었다는 사실에도 주목할 필요가 있습니다. 그는 또다시 중원으로 진출한 흉노족을 격퇴하고 서아시아와 연결된 실크로드를 개척했어요. 또 강남을 비롯해 고조선·베트남을 한화(漢化, 중국화)시키기 위해 군현을 설치하기도 했는데, 전자와 달리 후자에서는 실패했지요. 한국사와 관련되는 이 문제에 대해서는 나중에 자세하게 설명하겠어요.

한무제가 관중의 후예라고 할 수 있는 상홍양을 기용하여 중상주의적 정책을 실시한 것은 공격적 대외정책에 필요한 재정을 확보하기 위해서였습니다. 염철전매와 균수법(均輸法, 공물의 운송·판매에 대한 국가의 개입)을 실시하고, 이미 가의가 주장한 것처럼, 민간의 화폐주조를 금지한 것이 그 핵심이었지요.

유가는 국가가 '민간과 이익을 경쟁한다'(與民爭利)면서 상홍양을 비판했습니다. 상홍양의 중상주의가 국가독점적 경제를 지향한 반면 유가의 중농주의는 민간주도적 경제를 지향했던 것이지요. 나아가 유가는 이런 정책의 원인이 공격적 대외정책에 있었다는 사실을 지적하면서 한고조처럼 이민족과의 관계를 조공(朝貢, 무역)과 책봉(冊封, 외교)을 통해 조정할 것을 주장했지요.

한고조 부인인 여후 이래 한황조에서는 외척이 중용되어온 전통이 있었습니다. 급기야 기원후 6년에 외척인 왕망이 황위를 찬탈하면서 녹림군·적미군의 농민봉기가 발생했는데, 한황실 종친인 유수에 의해 결국 보황군(保皇軍)으로 변질되었지요. 25년에 유수가 광무제로 등극하면서 한황조는 재건될 수 있었어요.

한황조가 재건된 이후에도 외척세도가 지속되자 환관이 중용되기 시작했습니다. 또 그런 과정에서 토지겸병이 심화되면서 황건군이 봉기했는데, 그 지도자 장각은 민간도교인 태평도를 창시했지요. 황건군을 진압하는 과정인 196년에 조조가 실권을 장악하면서 한황조는 패망하기 시작했고요. 조조의 아버지 조숭이 환관 조등의 양자였다는 사실에도 주목할 필요가 있지요. 그런데 조고는 '趙'씨였고 조등은 '曹'씨여서 혈연관계는 없었어요.

이제 진한의 봉건제적 생산양식과 사회구성체를 간단하게 정리해보겠습니다. 한황조 봉건제의 특징은 토지소유의 등급제였지요. 한무제가 확립한 영호제는 최고지주인 황제가 세가지주인 왕후(王侯)에게 영지와 농호를 분급하는 것이었는데, 그 비중은 대체로 1/4 정도였어요. 또 영호제에 포괄되지 않은 호족지주(6국 귀족 출신의 지주)와 상인지주도 있었고요. 그들은 귀족지주인 세가지주와 구별되는 서족지주였는데, 양자의 차이는 세습적 특권의 존재 여부였지요.

이렇게 토지소유제가 정비되면서 농업생산력도 크게 발전했습니다. 먼저 한무제 때 시작된 수리관개사업으로 기원 후 1세기 중반에 황하가 완전히 정비되었어요. 그 덕분에 당황조 때까지 황하 유역에서 수재가 발생하지 않았지요. 기존의 시설을 보수·증축하는 정도만으로도 충분했거든요.

나아가 철제농기구와 우경이 보편화되는 동시에 개선되었습니다. 먼저 한무제 때 조과가 발명한 우려(耦犁), 즉 소 두 마리로 쟁기질하는 방법이 있었는데, 사람은 셋이 필요했지요. 쟁기가 점차 가벼워지면서 한 사람이 소 두 마리로 쟁기질하다가 결국 소 한 마리로 쟁기질하는 방법으로 발전했고요.

또 지력을 회복하는 방법도 출현했습니다. 먼저 조과의 대전법(代田法), 즉 휴경법(休耕法)을 대체하는 윤경법(輪耕法)이 있었는데, 고랑과 이랑에 교대로 씨를 뿌리는 방법이었지요. 그러나 소가 없으면 고랑과 이랑을 만들 수 없었으므로 범승지가 구전법(區田法)을 발명했는데, 이것은 씨를 뿌린 곳에만 물과 거름을 주는 방법이었어요.

위진남북조: 전기 봉건제의 쇠퇴

196년에 한황조의 실권을 장악한 조조의 아들 조비가 220년에 황위를 찬탈하면서 위황조를 창업했습니다. 그 직후인 221년에 사천에서 유비가 촉을 건국했고 229년에 강남에서 손권이 오를 건국하면서 삼국시대가 전개되었고요. 중원을 장악한 위황조는 한무제 때 조조가 실시한 둔전제를 부활시켜 황권을 강화했어요. 반면 촉과 오에서는 문벌지주가 강력했고요.

263년에 촉을 정복한 사마의의 아들 사마염이 266년에 황위를 찬탈하면서 진(晋)황조를 창업했습니다. 그는 280년에 오를 정복하여 삼국통일을 완성하기도 했지요. 그러나 위황조와 달리 진황조에서는 외척의 세력이 강대했고 동성왕의 봉국도 부활했지요. 또 문벌지주와 타협하기 위해 둔전제를 점전제로 대체하기도 했고요. 문벌지주가 지배하는 농민은 호적에서 이탈한 음부농민(蔭附農民)으로 전객이라고 불렀어요. 영호제나 지주전호제와 구별하여 점전제를 전주전객제(田主佃客制)라고 부를 수 있겠지요.

건국 직후부터 진황조가 쇠퇴한 것은 외척의 갈등으로 시작된 내분이 동성왕의 갈등으로 비화되었기 때문입니다. 그 결과 흉노족이 304년에 조를 건국하고 316년에는 중원을 정복했는데, 그 후 100년 동안 중원에서는 선비족 모용씨의 연을 비롯한 여러 이민족의 국가가 출몰했지요. 옛날에는 5호16국이라고 불렀는데, 요즘에는 그냥 16국이라고 불러요.

강남으로 패퇴한 진황조도 100년 동안 존속했습니다. 그러나 황권이 아주 취약한 문벌지주 정권이었을 따름이에요. 결국 420년에 진황조가 패망한 다음에 차례로 창업된 송황조, 제황조, 양황조, 진(陳)황조를 남조라고 불렀습니다. 그런데 남조에서는 문벌지주가 더욱 강화되었지요.

반면 386년에 선비족 탁발씨가 재건한 위황조, 즉 북위가 439년에 중원의 혼란을 평정하면서 북조가 출현했습니다. 특히 효문제는 점전제를 균전제로 대체했고, 나아가 최초의 대농법학자 가사협은 『제민요술』에서 화북농법을 집대성했어요. 북위가 시도한 선비족의 중국화·봉건화는 16국에서 시작된 이민족의 중국화·봉건화를 본격화했지요.

그런데 이 과정에서 문벌지주가 출현하면서 선비족 내부의 갈등이 전개되었습니다. 그 결과 534-35년에 선비족이 분열되었는데, 동위-북제는 문벌지주가 강대했던 반면 서위-북주는 선비족의 전통이 얼마간 부활되었지요. 또 북주는 변경에서 실시되던 위황조의 둔전제를 전국으로 확대하는 부병제를 실시했는데, 징병된 농민에게 토지를 지급하는 대신 조세를 면제함으로써 요역과 병역을 분리했어요. 결국 577년에 북주가 북제를 정복했고요.

위황조는 법가를 존숭한 반면 진황조는 유가를 존숭했는데, 그러나 당대의 사상계를 지배한 것은 현학(玄學)이었습니다. 왕필이 창시한 현학은 왕충과는 반대로 도가를 원용하여 참위설을 체계화하려던 시도였다고 할 수 있지요. 또 한황조 후기에 북인도에서 수입된 불교가 점차 확산되기도 했는데, 인과응보에 따른 윤회전생을 주장하는 연기론(緣起論)이라는 독특한 신학이 당시의 혼란한 상황에서 매력적이었기 때문이에요.

남북조에서는 불교가 성행했는데, 한 가지 중요한 차이가 있었습니다. 남조의 불교는 현학과 혼효된 교종이었는데, 이에 반발하여 북조로 이주한 남인도 왕자 출신의 보리달마가 면벽구년(面壁九年)의 좌선을 통해 선종을 창시했거든요. 선종이 바로 중국화된 불교였어요. 물론 불교에 대한 비판도 있었는데, 왕충의 후계자라고 할 수 있는 남조의 범진이 유명했지요.

그러나 위진남북조에서 유가가 침체되었던 것은 오히려 전화위복이었다고 할 수 있습니다. 이미 설명한 것처럼, 사학이 경학에서 독립할 수 있었거든요. 또 그 덕분에 수당 이후 유가가 복권되는 데서 사학이 경학을 선도할 수 있었고요. 문벌지주가 대두하면서 가문의 역사인 족보가 출현했다는 사실도 지적해두겠어요.

수당: 전기 봉건제에서 후기 봉건제로의 이행

581년에 북주의 외척인 양견이 수황조를 창업했습니다. 그러나 수황조도 진황조처럼 단명했는데, 과중한 요역과 병역으로 인해 와강군을 비롯한 농민봉기가 발생했거든요. 양자강·회수·황하를 연결하여 항주에서 낙양을 거쳐 북경에 이르는 대운하를 건설한 데다가 조공책봉관계를 거부한 고구려와 세 차례 전쟁을 치렀던 것이 문제였어요. 농민봉기를 진압하는 와중인 618년에 이연이 당황조를 창업했지요. 유방이 한황조를 창업한 것처럼 말이에요.

수당은 북조가 도입한 균전제와 부병제를 채택하면서 조용조를 정비했습니다. 또 이호예병형공(吏戶禮兵刑工)의 육부를 설치한 수당은 과거제(科擧制)를 채택하여 유가의 부활을 시도하기도 했지요. 진사과를 비롯한 과거제는 한황조의 선거제(選擧制)를 대체한 것이었는데, 전자가 학력제라는 의미에서 능력제(meritocracy)였던 반면 후자는 세습제적 성격의 추천제였다는 차이가 있지요.

그러나 당시의 지배적 사상은 역시 불교였습니다. 다만 당황조 전기에는 교종이 성행했다가 후기에는 선종이 성행했지요. 보리달마가 창시한 선종을 완성한 사람은 육조(六祖) 혜능이었는데, 문맹이었던 그의 가장 유명한 구호는 '문자/경전으로 교리를 세우지 말라'(不立文字)는 것이었어요.

당황조에서는 특이하게도 미술이 발달했는데, 불교의 영향 때문이었습니다. 대표적인 사례가 북조가 축조하기 시작한 용문석굴과 돈황석굴을 완성한 것이었지요. 물론 수많은 사원과 불탑도 축조했고요. 불교미술의 발달은 연기설에 따른 미신의 확산이라는 현실을 반영한 것이었어요.

당황실은 노자라고 불리던 춘추시대 초 출신의 노담과 그의 후예로 『노자』(또는 『도덕경』)를 편찬한 전국시대 초 출신의 이이를 혼동한 사마천의 설에 따라 도가를 숭상하기도 했습니다. 동시에 남조의 귀족도교인 신선술, 즉 양생술·방중술(房中術)에 금단술(金丹術), 즉 단약복용법이 추가되기도 했지요. 나중에 송원에서는 단학(丹學), 즉 조식기공법(調息氣功法)이 추가되기도 했고요. 반면 민간도교를 부수(符水)도교라고 부르기도 했는데, 부수는 부적과 정화수라는 의미였어요.

수당 이후 유가의 개혁도 시도되었습니다. 이미 설명한 것처럼, 유지기와 두우는 위진남북조의 사학을 더욱 발전시켰지요. 그 후 한유와 그의 친구 유종원은 경학의 재건을 시도했습니다. 특히 한유는 한황조의 유가에 대한 대안을 모색하면서 '나는 도를 스승으로 삼는다'(吾師道也)고 주장했고 선왕에서 공맹(孔孟)으로 이어진 고도(古道)를 계승하는 도통(道統)을 강조했지요. 또 『대학』에 주목하면서 도가와 불교는 수양학일 따름이고 유가는 수양학인 동시에 경세학이라는 사실을 강조했고요.

유가의 개혁을 시도하는 과정에서 문학도 발전했습니다. 먼저 성당(盛唐, 당황조의 전성기인 8세기)에서 시선(詩仙) 이백의 낭만주의 시와 시성(詩聖) 두보의 현실주의 시, 즉 시사(詩史)가 출현했지요. 『시경』의 전통을 계승한 이백과 두보의 시는 전국시대 초 출신 굴원의 사(辭)와 한황조의 부(賦)의 전통을 계승한 위진남북조의 사부를 대체한 것이었습니다. 본래 운문인 시와 달리 사부는 산문화된 운문이었거든요. 또 백거이는 민요를 모방한 사(詞)를 발전시키기도 했는데, 주로 연애감정을 표현하는 유행가 가사였지요.

그 후 한유와 유종원은 위진남북조의 변려문을 대체하고 선진(先秦, 진황조 이전)과 양한(兩漢, 서한과 동한)의 경학과 사학에서 사용된 산문을 복권시키는 고문운동을 창도했습니다. 사부와는 반대로 운문화된 산문인 변려문이 대구 같은 형식을 강조한 화려체였던 반면 '문으로써 도를 싣는다'(文以載道)는 한유의 주장처럼 고문은 사상감정 같은 내용을 강조한 소박체(건조체)였지요. 문언문(文言文, 문어체산문)이면서도 백화문(白話文, 구어체산문)과 친화성을 갖는 고문은 송원 시기에 산문문학이 발전하는 계기가 되기도 했다는 사실을 지적해두겠어요.

당황조가 패망한 원인 중 하나는 투르크족(돌궐족)이나 위구르족(회흘족) 같은 유목민 부족연맹에 대비한 부병제의 실시로 인해 절도사(총독)의 세력이 강대해진 것이었습니다. 급기야 현종 말년에 요동 출신의 절도사 안록산이 반란을 도모하면서 중쇠기(中衰期)가 전개되었거든요. 또 양염의 변법인 양세법(780)이 실패하고 환관이 득세하면서 쇠퇴기가 시작되었고요. 한황조가 외척의 세도에 이어 환관의 득세로 패망한 것과 비견될 수 있는 일이었지요.

당황조 말기에 황소가 지도한 농민봉기가 발생했습니다. 황소군의 구호는 '하늘의 도움으로 평균을 실현하자'(天補平均)는 것이었는데, 그 핵심은 토지소유권이었지요. 여기서 농민의 요구가 생명이나 인신적 자유에 대한 권리에서 토지소유권으로 발전하는 최초의 사례를 발견할 수 있다는 사실을 지적해두겠어요.

그러나 농민봉기의 와중에 새로운 할거세력이 형성되었습니다. 907년 이후 중원에서 출현한 후량-후당-후진(後晋)-후한-후주 5대와 902년 이후 중원 외부(강남·사천·산시)에서 출현한 군소 10국이 그것이었어요. 게다가 선비족의 후예인 거란족이 916년에 동북에서 요황조를 창업하여 중원을 압박하기도 했고요.

이제 수당의 봉건제적 생산양식과 사회구성체를 간단하게 정리해보겠습니다. 당황조의 봉건제는 문벌지주와 품관지주가 공존했다는 특징이 있었지요. 위진남북조에서 출현한 문벌지주가 당황조까지 존속했거든요. 또 여후의 후예라고 할 수 있는 무후(유일한 여자황제인 측천제)의 집권을 전후로 해서 사원지주가 득세했는데, 점차 최대의 문벌지주로 발전했고요. 물론 과거제 덕분에 품관지주도 출현했는데, 진한 이래 존속해온 호족지주·상인지주처럼 서족지주였지요. 그러나 최대의 품관지주는 절도사·환관지주였어요. 또 품관지주가 문벌지주를 대체할 수는 없었고요.

당황조 때는 쟁기·낫이 개선되었고, 시비법의 발선과 함께 윤작법·이모작 같은 선진적 농법도 출현했습니다. 또 차의 재배가 보편화되었는데, 그러나 인도·아라비아산 면화의 재배는 아직도 보편화되지 못했어요. 당황조 때 강남의 농업생산력이 크게 발전했다는 사실에도 주목할 필요가 있습니다. 수황조가 건설한 대운하를 이용하여 수리관개시설을 보급한 덕분이었지요. 그러나 아직도 화북의 농업생산력을 추월할 정도는 아니었어요.

송원: 후기 봉건제의 성장

960년에 조광윤(송태조)과 동생 조광의(송태종)가 5대를 계승하는 송황조를 창업하고 중국을 통일했습니다. 그러나 송황조는 요황조를 제압하는 데는 실패하고 말았지요. 게다가 1034년에 서북에서 탕구트족(16국시대 저족·강족의 후예인 당항족)이 하황조를 창업했고요. 이렇게 요황조와 하황조의 압박을 받은 것이 한황조나 당황조와 구별되는 송황조의 특수성이었어요.

절도사의 할거로 인해 당황조가 패망한 것을 교훈삼아 송황조는 지방관을 문관으로 대체했습니다. 또 조공책봉관계를 통해 이민족과의 대결을 지양했고요. 그런데 이런 정책 변화는 유가의 복권과 관련되는 것이었습니다. 물론 논쟁이 없었던 것은 아닌데, 품관지주를 대변한 사마광의 구법당과 향신지주를 대변한 왕안석의 신법당 사이에서 전개된 당쟁이 그것이었지요.

구법당이 부활시킨 유학을 한황조의 유학과 구별하여 신유학이라고 불렀습니다. 사마광이 창도한 신유학은 사학에서 출발하여 그의 동료 주돈이의 태극설과 주돈이의 제자 이정(二程, 정호·정이 형제)의 리학(理學)을 통해 철학으로 변모했지요. 나중에 주희가 태극설과 리학을 종합하고 나아가 '성을 리와 동일시'(性卽理)하면서 성리학이 출현했는데, 조금 이따가 자세하게 설명하겠어요.

신유학이 성리학으로 철학화된 것은 도가·불교와의 논쟁 때문이었습니다. 그런데 그런 과정에서 한유가 강조한 유가 본래의 경세학이 주변화되면서 유가와 도가·불교의 차이가 수양학의 차이로 환원되고 말았지요. 성리학은 도가·불교와 본질적으로 동일하다는 비판이 제기된 것은 이 때문이에요.

신유학의 한계는 『대학』에 대한 해설에서 발견할 수 있습니다. 먼저 『대학』의 핵심은 '밝은 덕을 밝혀'(明明德) '백성을 새롭게 하고'(新民) '지선에 이른다'(至於至善)는 삼강령(三綱領)의 실현을 위해 격물(格物, 사물로 나아간다)·치지(致知, 지식에 이른다)·성의(誠意, 의지를 참되게 한다)·정심(正心, 감정을 바르게 한다)·수신(修身, 덕을 쌓는다)과 제가(齊家, 집안을 다스린다)·치국(治國, 나라를 다스린다)·평천하(平天下, 천하를 다스린다)라는 팔조목(八條目)을 실천한다는 데 있었지요.

그런데 주희의 제자 진덕수는 『대학연의』에서 격물·치지·성의·정심·수신·제가에 치중했습니다. 연의(衍義)는 해설이라는 의미였지요. 격물·치지·성의·정심·수신을 수기(修己, 나를 닦는다)라고도 했고 제가·치국·평천하를 치인(治人, 남을 다스린다)이라고도 했는데, 제가는 본래적 의미에서 치인이라기보다 수기와 치인을 매개하는 것이었으므로, 수기에 치중했던 셈이에요. 나중에 경세학사에서 자세하게 설명할 것처럼, 명황조의 구준은 『대학연의보(補)』에서 이런 결함을 해결하기 위해 왕안석의 신법을 비판적으로 수용하여 신유학의 경세학을 제시했는데, 이것은 물론 품관지주가 관신지주로 대체된 현실을 반영하는 것이었지요.

송황조에서는 문학도 발전했습니다. 먼저 구양수와 그의 제자 증공, 삼소(三蘇, 부친 소순과 소식·소철 형제), 왕안석이 한유·유종원의 고문운동을 계승했는데, 그들을 당송팔대가라고 불렀지요. 또 연애감정이 아니라 사상감정을 표현하는 사가 출현하기도 했는데, 구양수의 친구 범중엄의 「악양루기」 중에서 '세상 사람에 앞서 걱정하고, 세상 사람의 뒤에 즐긴다'(先天下之憂而憂, 後天下之樂而樂)는 구절이 유명했어요. 그 후 소식이 발전시킨 사에서는 시와의 차별성이 거의 소멸했지요.

송황조의 중쇠기에 방랍이 지도한 농민봉기가 발생했는데, 그는 당황조 때 이란에서 수입된 명교(마니교)를 표방했습니다. 또 송강도 양산박에서 봉기했고요. 그런데 이런 와중에 만주에서 여진족이 흥기하여 1115년에 금황조를 건국했고, 1125년에 요황조를 투르키스탄으로 축출했으며, 1127년에는 결국 중원을 정복했지요.

여진족은 말갈족의 후예였습니다. 당황조 때 말갈족의 양대세력은 송화강 유역의 속말부와 흑룡강 유역의 흑수부였지요. 고구려에 포섭되었다가 고구려가 당황조에 의해 패망한 다음 발해를 건국한 속말부는 결국 요황조에게 패망했어요. 그 후 흑수부가 주도하는 여진족이 금황조를 창업했고요.

강남으로 후퇴한 송황조는 금황조와 화전(和戰)을 반복했습니다. 또 송황조 후기에는 종상이 지도하는 농민봉기가 발생했는데, 그는 황소군을 계승하여 '빈부귀천을 균등하게 하자'(等貴賤均貧富)는 구호를 제시했지요. 또 홍오군도 봉기했고요. 농민봉기가 전개되는 와중에 송황조는 몽골족의 원황조에게 멸망했어요.

흑룡강 상류에서 발원한 몽골족은 송황조가 발명한 화약과 대포를 이용하여 중국을 비롯한 거의 전세계를 정복했습니다. 테무진은 1206년에 몽골리아의 칭기즈칸으로 즉위했고, 1218년에 요황조를 정복했으며, 1227년에 하황조를 정복하기 직전에 병사했지요. 또 그의 계승자 우구데이는 1234년에 금황조를 멸망시켰고, 그 다음 해부터 40여년에 걸친 송황조의 정복을 시작했어요.

1241년에 우구데이가 병사하자 테무진의 삼남인 그의 아들과 사남인 톨루이의 아들 사이에서 칭기즈칸의 계승권을 둘러싼 아주 복잡한 투쟁이 전개되었고, 결국 1251년에 뭉케(톨루이의 장남)가 대칸으로 즉위했습니다. 또 1259년에 뭉케가 전사하자 부케(톨루이의 사남)와의 투쟁에서 승리한 쿠빌라이(톨루이의 차남)가 대칸으로 즉위했는데, 1271년에 원황조를 창업한 다음 결국 1276년에 송황조를 멸망시켰어요.

몽골리아의 대칸국과 그것을 계승한 중국의 원황조 이외에도 세 개의 칸국이 존재했습니다. 투르키스탄의 차가타이칸국(테무진의 차남 차가타이의 봉국), 러시아의 킵차크칸국(테무진의 장남 조치의 장남 바투의 봉국), 이란의 일칸국(테무진의 사남 톨루이의 삼남 훌레구의 봉국)이 차례로 건국되었거든요.

요황실 후예이자 금황조 유신이던 야율초재의 건의로 우구데이는 중원의 농경지를 목초지로 전환하려던 칭기즈칸의 권지(圈地, 엔클로저) 정책을 포기하고 금황조의 봉건제를 계승했습니다. 나아가 쿠빌라이는 중농주의를 채택했는데, 낙양을 거치지 않고 항주에서 북경으로 이어진 새로운 대운하를 건설하는 동시에 강남의 수리관개시설을 보강했지요. 또 『농상집요』도 반포했고요.

그러나 원황조가 계승한 것은 송황조의 봉건제가 아니라 금황조의 봉건제였다는 사실에 주목해야 합니다. 또 원황조는 몽골족의 중국화를 시도하는 대신 민족을 차별하는 일종의 아파르테이트인 사등인제(四等人制)를 채택했지요. 1등인은 몽골인, 2등인은 색목인(위구르족 같은 회흘족과 이란족·아랍족 같은 회회족), 3등인은 '한인'(금황조 출신의 한족·여진족과 고려왕조 출신의 한민족), 4등인은 '남인'(송황조 출신의 한족)이었어요.

원황조는 이단적 힌두교의 탄트라(요가·섹스·매직)를 수용한 라마교(티벳불교)를 국교로 채택했습니다. 당황조 때 수입한 이슬람교와 경교(이란에서 성행한 네스토리우스파 기독교)도 허용했고요. 원황조는 신유학을 관학으로 수용하면서도 관리가 아닌 유학자는 룸펜 프롤레타리아로 취급했는데, 청황조 조익에 따르면, 상인과 농민을 제외한 카스트제도로서 십등급제(十等級制)는 품관, 향리, 승려, 도사, 의사, 기술자, 장인, 창기, 유학자, 거지의 순서였지요.

원황조는 황위쟁탈전 때문에 쇠퇴하기 시작했습니다. 세습제의 혼란으로 인한 패망은 흉노족이나 투르크족·위구르족 같은 유목민의 고질적 결함이었거든요. 또 종말론적 미륵신앙인 백련교를 추종하는 홍건군의 농민봉기가 발생했는데, 그 구호는 '부자를 누르고 빈자를 돕자'(摧富益貧)는 것이었지요.

원황조를 전후로 차가타이칸국과 일칸국도 멸망했는데, 그 대신 16세기에 투르크족의 오스만왕조와 이란족의 사파위왕조가 출현했습니다. 차가타이칸국과 일칸국의 멸망에 일조한 티무르의 후예는 16세기에 인도의 무굴왕조를 창업했지요. 16세기까지 존속한 킵차크칸국을 대체한 것은 러시아의 로마노프왕조였고요.

이제 송원의 봉건제적 생산양식과 사회구성체를 간단하게 정리해보겠습니다. 송황조에서는 문벌지주가 몰락하고 품관지주가 부상했지요. 다만 품관지주가 조세를 면제받았다는 문제가 있는데, 이미 지적한 것처럼, 신유학에 경세학이 부재했다는 사실과도 무관하지 않았겠지요. 향신지주의 입장에서 이 문제를 제기한 것이 바로 왕안석의 신법이었다고 할 수 있거든요.

송황조 때 호적은 관호(官戶)와 민호(民戶)로 구별되었고, 나아가 민호도 주호(主戶)와 객호(客戶)로 구별되었습니다. 관호는 품관지주였는데, 방금 지적한 것처럼, 조세가 면제되었지요. 주호는 향신지주인 상호(上戶)와 자작농인 하호(下戶)였고, 객호는 소작농이었습니다. 그런데 상호도 점차 자신의 조세를 하호나 객호에게 전가할 수 있었지요.

원황조에서도 품관지주는 존속했지만 부활한 세가지주와 문벌지주가 훨씬 더 강력했습니다. 세가지주인 몽골족 귀족지주가 출현했을 뿐만 아니라 문벌지주인 라마교 사원지주도 강성했거든요. 게다가 원황조에서는 노예제가 부활되기도 했지요. 중국사에서 원황조의 역할은 퇴행적이었다고 할 수밖에 없어요.

송원 시기에 비로소 강남농업이 화북농업을 추월했습니다. 전란의 피해가 비교적 작았던 데다가 수리관개시설의 확충으로 습지가 개간되어 쌀농사가 발전했기 때문이지요. 또 송원교체기에는 강남에서 면화의 재배가 보편화되어 드디어 면직물이 마직물·견직물을 추격하기 시작했고요. 쿠빌라이가 반포한 『농상집요』가 면화재배법을 상술한 것은 이 때문이었지요.

송원 시기에는 농서의 간행도 활발했습니다. 송황조 때 진부는 『농서』에서 강남의 쌀농사에서 지력을 회복하는 방법을 집대성했지요. 또 원황조 때 그의 계승자인 왕정은 역시 『농서』를 사찬하여 강남농법을 집대성했는데, 특히 수리관개시설과 농기구에 대해 상세하게 설명했어요. 물론 쿠빌라이가 관찬농서인 『농상집요』도 반포했고요.

명청: 후기 봉건제의 쇠퇴

1368년에 원황조를 멸망시키고 명황조를 창업한 홍건군의 수령 주원장이 홍무제로 즉위했습니다. 홍무제는 조세를 감면하고 황무지의 개간을 독려했지요. 그 결과 조세를 부과할 수 있는 토지가 건국초의 360만경에서 그의 말년에는 850만경으로 확대되었어요. 또 수리관개시설을 복구·증설하는 한편 상업작물의 재배를 권장했고요. 그러나 그는 동성왕의 봉국을 부활시키기도 했는데, 결국 북경의 연왕(사남)이 건문제(장손)의 황위를 찬탈하여 영락제로 즉위했지요. 그런데 영락제는 몽골족 부족연맹에 대한 조공책봉관계를 거부하면서 환관에게 군권을 위임하기도 했어요.

환관의 전횡과 토지의 겸병, 나아가 서몽골(오이라트)의 약탈로 명황조의 중쇠기가 전개되었습니다. 100년만에 850만경이 420만경으로 절반 이상 축소되었거든요. 그 결과 자소작농의 조세 부담이 증가하면서 백련교를 추종하는 농민봉기가 발생했는데, 그 구호는 '산평'(鏟平, 대패로 깎아 고르게 만든다)이었지요.

이런 상황에서 구준이 당시까지 경연(經筵, 황제에게 경학과 사학을 가르치던 세미나)의 교재로 사용되던 진덕수의 『대학연의』(1234)를 대체하기 위한 목적으로 『대학연의보』(1487)를 저술했던 것입니다. 이미 시작한 것처럼, 그는 왕안석의 신법을 비판적으로 수용하여 신유학에 누락되었던 경세학을 체계화했는데, 나중에 경세학사에서 자세하게 설명하겠어요.

장거정은 구준의 경세학을 토대로 해서 양전(1578)을 통해 700만경의 토지를 확보하고 나아가 자소작농의 조세 부담을 경감하는 일조편법(1581)을 실시할 수 있었습니다. 그런데 이런 개혁을 가능케 한 결정적 조건이 바로 그가 기용한 척계광과 왕숭고가 추진한 동몽골에 대한 조공책봉관계의 부활과 그것으로 인한 국방비지출의 감소였다는 사실에도 주목할 필요가 있지요.

물론 유가의 철학화도 계속 진행되었습니다. 구준과 동시대에 왕수인은 주희와 동시대에 육구연이 리학(理學)의 대안으로 제시한 심학(心學)을 부활시켰지요. 그러나 심학은 선종을 모방한 수양학일 따름이었어요. 심학은 경세학과 결합할 여지가 없었고, 또 철학적으로도 성리학에 미달하는 것이었지요.

명청교체기에 실학이 출현했다는 사실에도 주목할 필요가 있습니다. 먼저 심학자 출신인 황종희는 육구연과 왕수인의 전통을 수용하면서 군신평등주의, 즉 신권주의에 의한 황권주의의 제한을 주장했지요. 또 황종희의 제자 전조망은 그의 심학적 경향을 지양하면서 실학적 경향을 강화하려고 시도했고요. 반면 고염무는 경학에 대한 관심이 별로 없었지요. 황종희·전조망과 고염무의 사학사적 기여에 대해서는 이미 설명했으므로 생략하겠어요.

반면 리학자 출신인 왕부지는 장재의 복권을 통해 주희에 대한 대안을 모색했습니다. 주돈이와 함께 구법당이었던 장재가 제시한 기학(氣學)은 유종원을 거쳐 왕충의 전통으로 소급하는 것이었는데, 후외로는 이런 학통이 중국철학사에서 유물론적 경향을 대표하는 것으로 평가하고 있어요. 사학사에 대한 왕부지의 기여도 역시 이미 설명했으므로 생략하겠어요.

이미 지적한 것처럼, 주희는 주돈이의 태극설과 이정의 리학을 결합하여 성리학을 제시했습니다. 리(理)는 우주론(cosmology, 세계론)의 태극, 즉 실체인 동시에 인간학(anthropology)의 성(性), 즉 본성이라는 것이었지요. 반면 기(氣)는 음양, 질(質)은 오행이라는 것이었고요. 실체와 본성으로서 리가 음양오행과 기질을 낳는다는 것이 그의 주장이었어요. 또 리와 음양오행·기질을 『역경』의 형이상학적 도(道)와 형이하학적 기(器)와 동일시하면서 도가 기를 낳는다고 주장하기도 했고요.

왕부지가 원용하는 장재의 기학은 리학과 태극설에 대한 비판이었습니다. 실체나 본성으로서 리를 부정하고 태허(太虛, 공백)를 주장하면서 오히려 기를 중시했거든요. 그런데 왕부지는 도기론을 보편성과 개별성의 변증법으로 해석했습니다. '도는 기에 있으므로'(據器而道存) '기가 없으면 도도 없다'(無其器則無其道)는 것이었는데, 도를 보편적 원리로 해석하고 기를 개별적 사물로 해석할 수 있거든요.

이런 맥락에서 주희와 왕부지의 관계를 관념론자 플라톤과 현실주의자 아리스토텔레스의 관계에 유비할 수 있습니다. 아리스토텔레스와 달리 왕부지는 인과론과 결정론이라는 문제는 간과했다는 사실에 주목할 수 있지만요. 플라톤과 아리스토텔레스에 대해서는 『헤겔과 일반화된 마르크스주의』(공감, 2007)에 실린 「서양철학사 개관」을 참조하세요.

명황조 때는 고문이 팔고문(八股文)으로 퇴보했는데, 이것은 여덟 가지 대구(股)를 사용한 과거시험용 문체였습니다. 또 운문에서도 별다른 발전은 없었고요. 그러나 이몽양·이반룡·왕세정이 '진한의 산문과 성당의 운문을 본받자'(文必秦漢詩必盛唐)는 구호를 제시하면서 문체반정을 시도하기도 했지요.

패관의 후예인 소설가는 송원에서 발전한 산문문학을 사대기서(四大奇書)라는 소설로 발전시켰습니다. 나관중의 역사소설 『삼국지연의』와 시내암의 무협소설 『수호전』이 출현했고, 나중에 오승은의 신마(神魔)소설 『서유기』와 소소생의 연애소설 『금병매』가 출현했지요. 그런데 『삼국지연의』의 소재는 역사였고, 『수호전』과 『서유기』의 소재는 민간전설이었으며, 『금병매』의 소재는 허구화된 일상생활이었어요.

사대기서의 아류도 많았습니다. 『삼국지연의』의 아류로는 여소어와 풍몽룡의 『열국지전』(소재는 춘추전국시대)이 있었고, 『수호전』의 아류로는 저자 불명의 『정충전』(소재는 송황조 후기의 충신 악비)이 있었으며, 『서유기』의 아류로는 허중림의 『봉신연의』(소재는 상주교체기)가 있었고, 『금병매』의 아류로는 셀 수 없이 많은 외설물이 있었거든요.

장거정의 개혁이 명황조의 중쇠기를 극복할 수 있었을 것입니다. 그러나 그가 사망한 이후 환관의 전횡과 토지의 겸병이 지속된 데다가 만주족의 청황조가 명황조를 공격하기 시작했지요. 그 와중에 농민봉기가 발생하여 1644년에 이자성이 명황조를 멸망시키고 순을 건국했어요. 그의 구호는 '토지를 균분하고 조세를 면제하자'(均田免粮)는 것이었는데, 토지제도와 동시에 조세제도에 대한 비판이 최초로 제기되었던 셈이지요.

만주족은 여진족의 후예였는데, 명황조 때 여진족의 양대세력은 송화강 유역의 해서여진과 건주여진이었습니다. 누르하치는 1588년에 건주여진의 부족장으로 추대되었고, 1616년에 여진족의 금황조를 재건했으며, 1619년에 명황조의 요동을 정복했지요. 1626년에 그가 전사하자 팔남 홍타이지는 명황조와의 전쟁을 계속하면서 1636년에 만주족의 청황조로 개명했습니다. 1643년에 그가 병사하자 구남 복림을 순치제로 옹립한 섭정 도르곤(누르하치의 십사남)이 1645년에 이자성의 순을 멸망시켰지요.

청황조는 여러 가지로 원황조와 비교할 수 있습니다. 먼저 중국을 비롯해 동몽골리아(내몽골리아)·동투르키스탄(신강위구르)·티벳을 정복하고 러시아와의 변경 분쟁도 해결했는데, 현재 중국의 영토는 이렇게 확정된 것이었지요. 또 만주족의 기득권을 약화시키기도 했고요. 그 결과 순치제의 아들 강희제(삼남)부터 손자 옹정제(사남)를 거쳐 증손자 건륭제(사남)에 이르는 무려 135년에 걸친 청황조의 전성기가 전개되었어요.

원황조와 달리 청황조는 한족의 제도를 발전시키는 동시에 문관을 중용하면서 환관을 억압하기도 했습니다. 강희제는 일조편법을 지정은세법(1716)으로 발전시켰는데, 그 결과 조세대상인 토지가 강희제 원년의 550만경에서 건륭제의 아들 가경제 치세의 790만경으로 확대되었지요. 이것은 사상 최대였던 명황조 홍무제 치세의 850만경에는 미달했지만 일조편법 시기의 700만경을 초과하는 것이었어요. 또 조세를 납부하는 인구도 강희제 말년의 2460만명에서 건륭제 말년에는 2억 2100만명으로 급증했고요.

이 대목에서 중국인구사에 대해 간단하게 정리해두겠습니다. 정착농경 이후 증가하기 시작한 인구는 진한에서 정상상태에 도달했는데, 그 규모를 보통 5000만명으로 추계합니다. 송황조에서 또다시 증가하기 시작한 인구는 원황조에서 크게 감소했지요. 그러나 명청에서 인구성장이 재개되어 아편전쟁 직전에는 4억명을 돌파했는데, 세계인구의 1/3과 아시아인구의 1/2에 해당하는 규모였지요. 또 유럽인구의 2배에 해당하는 규모였고요.

물론 건가시기에 중쇠기의 조짐이 출현하기도 했습니다. 백련교를 표방하는 농민봉기가 발생했고, 반청비밀결사인 천지회(삼합회)가 출현하기도 했거든요. 그러나 청황조가 중쇠기를 극복하지 못한 것은 외세의 침략 때문이기도 했지요. 영국이 아편전쟁을 도발했고 그 와중에 개신교 종말론자 홍수전이 지도하는 태평천국농민전쟁이 발생한 것이 청황조가 쇠퇴한 결정적 계기였어요.

강희제가 명청교체기에 성행하던 가톨릭 예수회의 선교활동을 금지했다는 사실에도 주목할 필요가 있습니다. 그들이 보급한 서학(西學)이란 것도 스콜라철학·신학이 주류였고 그나마 과학도 헬레니즘 시대의 에우클레이데스(유클리드) 기하학과 프톨레마이오스 천동설 정도였거든요. 물론 아편전쟁 이후에 성행할 개신교의 선교활동에는 그 정도의 과학도 없었지만요.

서학에 대한 비판은 이미 명청교체기에 제기되었습니다. 중국 최초의 과학자 서광계는 갈릴레이와 거의 동시에 과학의 수학적 원리를 빌견했고, 항수(恒數, 객관적 법칙)와 제수(齊數, 주관적 인식)를 구별했지요. 또 그의 계승자이자 실학자인 방이지는 서학의 질측(質測, 과학)은 상세한 반면 통기(通幾, 철학)는 졸렬하다고 비판하면서 왕부지가 간과한 인과론과 결정론이라는 문제에 주목했어요. 아편전쟁 이후에 뉴튼의 미적분학과 동역학을 수입함으로써 서학을 극복한 사람은 수학자 이선란이었고요.

청황조 때 신유학의 발전이 정체했다는 사실에도 주목할 필요가 있습니다. 건륭제가 명황조의 『영락대전』을 대체하는 『사고전서』의 편찬을 추진하면서 고증학이 출현했거든요. 고증학은 황종희·고염무의 실학에서 유래한 것인데, 나중에는 송황조의 유학에 대한 대안으로 한황조의 유학을 부활시키면서 이른바 '한학과 송학의 논쟁'이 전개되기도 했지요. 물론 장학성이 고증학을 비판하면서 사학을 부활시키려고 시도했지만, 역부족이었고요.

청황조 때는 허구화된 일상생활을 소재로 한 소설이 더욱 발전했습니다. 먼저 조설근의 『홍루몽』은 『금병매』를 대체하는 것인데, 불완전한 교양소설(성장소설)이었어요. 불완전하다고 한 것은 주인공이 결혼에 실패하고 출가한다는 불교적·도가적 결말 때문이었지요. 또 오경재의 『유림외사』는 과거제의 폐해를 고발하는 풍자소설이었는데, 『서유기』와 『금병매』에 포함된 풍자적 요소를 계승하는 동시에 노신부터 시작될 현대소설을 예상했지요.

이런 맥락에서 중국소설사를 유럽소설사와 비교해볼 수 있습니다. 『문학 비판』(공감, 2012)에서 이미 설명한 것처럼, 19세기 영국의 리얼리즘 소설은 연애소설과 공포소설에서 출발하여 역사소설과 교양소설에서 절정에 도달했다가 탐정소설 같은 오락소설로 퇴화했는데, 대신 러시아에서 사회주의 리얼리즘 소설이 출현했지요. 반면 원명교체기에 역사소설과 무협소설 같은 연의소설에서 출발한 중국소설은 명청 시기에 풍자소설로 발전했다가 5·4운동을 전후로 현대소설, 즉 리얼리즘 소설로 발전했지요. 동시에 사회주의 리얼리즘 소설로 급속히 이행했고요.

이제 명청의 봉건제적 생산양식과 사회구성체를 간단하게 정리해보겠습니다. 명청 시기에 지주전호제가 완성되면서 관신지주, 즉 사대부지주가 출현했지요. 관은 품관, 즉 대부(大夫)를 의미했고, 신은 향신, 즉 사(士, 독서인)를 의미했거든요. 전자가 부재지주이자 대지주였다면, 후자는 재지지주이자 중소지주였어요. 전호(佃戶)는 송황조의 객호(客戶)처럼 소작농이었는데, 대신 인격적 구속은 더욱 약화되었지요. 또 명황조의 일조편법과 청황조의 지정은 세법은 송황조의 결함인 조세제도를 개혁하면서 자소작농의 조세 부담을 경감시키기도 했고요.

명청 시기에는 농업생산력도 크게 발전했습니다. 먼저 강남의 쌀농사에서 이모작·삼모작 같은 선진적 농법이 보편화되었고, 상업작물인 면화 재배도 더욱 확대되었지요. 또 새로운 작물도 보급되었는데, 명청교체기에 옥수수·감자·땅콩·사탕수수가 보급되었고, 새로운 상업작물인 고추·담배도 도입되었거든요.

명청교체기에 서광계는 『농정전서』에서 수리관개시설과 농법을 집대성했습니다. 그는 오곡상마(五穀桑麻, 쌀·보리·콩 같은 곡물과 뽕·삼 같은 작물)의 재배에서 탈피하여 외래작물의 재배와 동시에 원예·양잠·목축의 발전을 권장했지요. 또 쌀농사와 관련된 강남농법을 화북에 전파하기도 했고요. 강희제와 건륭제도 농서를 반포했는데, 그것이 바로 명황조의 『군방보』를 증보한 『광(廣)군방보』와 백과전서인 『수시통고』였어요.

서광계는 북위의 가사협, 송의 진부, 원의 왕정과 함께 중국의 4대 농법학자였습니다. 중국농법과 농서의 통사로는 중국 출신의 영국 중국사학자 등강(Kent Gang Deng)의 *Development versus Stagnation: Technological Continuity and Agricultural Progress in Pre-Modern China* (Greenwood, 1993)를 참고할 수 있지요. 비단이나 도자기 같은 사치품이나 무기의 생산과 관련되는 수공업의 발전에 대해서는 영국의 마르크스주의 중국사학자 니덤(Joseph Needham)의 연구를 축약한 『중국의 과학과 문명』(1986; 까치, 1993)을 참고할 수 있고요.

모택동·진백달에 따르면, 1840-42년 아편전쟁 이후 반식민지반봉건사회, 즉 매판적·봉건적 국가독점자본주의(또는 관료자본주의)가 출현했습니다. 또 이후의 시기를 1919년 5·4운동을 전후로 부르주아지가 주도하는 1840-1919년의 반제반봉건 구민주주의혁명기와 프롤레타리아가 주도하는 1919-49년의 반제반봉건 신민주주의혁명기로 구분할 수 있고요. 1949년 이후의 중국사는 『역사학비판』을 참고하세요.

중국사에서 화이관계

마지막으로 중국사에서 화이관계에 대한 설명을 보충해보겠습니다. 미국의 인류학자 바필드(Thomas Barfield)의 *The Perilous Frontier: Nomadic Empires and China, 221 BC to AD 1757* (Blackwell, 1989; 국역: 동북아역사재단, 2009)을 참고하면서 유목민에 대한 그의 개론서인 *The Nomadic Alternative* (Prentice Hall, 1993)도 참고하겠어요.

바필드에 따르면, 원시공동체 단계의 화전원예농은 농경과 목축으로 구성되었는데, 특히 개와 함께 양·돼지가 가축으로 사육되었습니다. 그 후 관개농과 노예제가 출현하면서 농경민과 유목민이 분화되었지요. 또 전자의 가축에는 소가 추가되었고, 후자의 가축에는 이동수단으로 이용할 수 있는 말이 추가되었고요.

유목민의 거주지역은 다섯 개로 분류할 수 있습니다. 먼저 소를 유목하는 동아프리카 사바나, 낙타·양을 유목하는 아라비아 사막, 양을 유목하는 이란 고원, 야크를 유목하는 티벳 고원, 말·양을 유목하는 유라시아 스텝이 그것이지요. 중국사에 출현한 유목민은 서융(西戎)·북적(北狄)이라고 불리던 스텝의 유목민과 동이(東夷)라고 불리던 만주의 반유목·반농경민이고요.

바필드는 중국사에서 세 개의 황조순환을 화이관계로 설명할 수 있다고 주장하고 있습니다. 황조의 성장기에는 한족의 봉건제(한-당·송-명)와 스텝의 약탈적 부족연맹(흉노-투르크·위구르(·요)-?)이 조공책봉관계를 통해 공존한 반면 황조의 쇠퇴기에는 만주의 정복국가(북조-금(·원)-청)가 출현했다는 것이에요.

한[흉노] — … — 당[투르크·위구르]·송[요] — … — 명[?] — …
북조 — … — 금(·원) — … — 청

먼저 황조의 첫 번째 순환을 설명해보겠습니다. 본래 황하 중류의 초원지대인 하투(河套, 오르도스)에서 유목생활을 하던 흉노족은 진시황제에 의해 몽골리아로 축출되었습니다. 그러나 진한교체기에 요하 유역(요서)의 동호족(선비족의 선조)을 정복하고 투르키스탄의 월지족(스키타이족의 후예)을 이란으로 축출한 흉노족은 거대한 부족연맹을 형성하여 한황조를 약탈하기 시작했지요.

또다시 흉노족을 축출한 한무제는 흉노족의 정벌을 시도했지만, 실패하고 말았습니다. 그 후 한고조의 조공책봉관계를 부활시켜 흉노족과 공존을 모색했고요. 흉노족은 이런 관계를 통해 한황조의 잉여생산물, 특히 비단·술 같은 사지품의 분배에 참여할 수 있었는데, 비단은 실크로드를 통한 동서무역에 이용되었고 술은 부족장들의 연회에 이용되었어요. 또 변경교역을 통해 겨울식량을 비롯한 필수품을 획득할 수 있었고요.

한황조가 쇠퇴하면서 잉여생산물이 감소하자 흉노족과의 조공책봉관계도 불가능하게 되었습니다. 흉노족이 진황조를 강남으로 패퇴시키면서 중원에서 16국시대가 전개된 것은 이 때문이었지요. 물론 중원을 다시 통일한 선비족의 북조가 본격적인 의미에서 최초의 정복국가였다고 할 수 있어요.

백수이가 16국과 북조를 이민족의 중국화(sinification)라는 관점에서 인식하는 반면 바필드는 중국의 야만화(barbarization)라는 관점에서 인식하는데, 일리가 있는 논점이라고 할 수 있습니다. 이런 관점에서 북조를 계승한 당황조를 전기 봉건제에서 후기 봉건제로의 이행기로 인식할 수도 있고요.

황조의 두 번째 순환에서 당황조와 투르크족·위구르족 부족연맹의 관계, 나아가 송황조와 거란족 요황조의 관계는 한황조와 흉노족 부족연맹의 관계를 반복했다는 것이 바필드의 주장입니다. 또 여진족 금황조는 선비족 북조를 반복했고요. 다만 몽골족 부족연맹이 중원을 정복하여 원황조를 창업한 것은 예외라고 할 수 있다는 것이 그의 주장이에요.

선비족의 후예인 거란족이 창업한 요황조가 중원을 정복하지 못한 채 송황조와 조공책봉관계를 통해 공존했다는 사실에 주목할 필요가 있습니다. 대신 말갈족의 후예인 여진족이 창업한 금황조가 요황조를 투르키스탄으로 패퇴시키고 송황조도 강남으로 패퇴시켰지요. 금황조는 요황조보다 더 후진적인 만큼 더 철저하게 중국화될 수 있었던 것이에요.

몽골족 부족연맹은 황조의 성장기가 아니라 쇠퇴기에 형성되었다는 특수성이 있습니다. 또 여진족 금황조가 조공책봉관계를 허용하지 않았기 때문에 중원을 정복하고 원황조를 창업할 수밖에 없었고요. 금황조는 북조 같은 기여를 하지 못한 대신 원황조에 의한 봉건제의 파괴를 저지할 수 있었지요.

황조의 세 번째 순환인 명청에서는 특수성이 더욱 부각됩니다. 먼저 명황조는 유목민의 부족연맹을 서몽골(오이라트)과 동몽골로 분열시켜 지배하려는 이이제이(以夷制夷) 전략을 채택하고 조공책봉관계를 거부했지요. 이미 지적한 것처럼, 명황조 말기에 척계광과 왕숭고를 통해 동몽골과의 조공책봉관계를 추진한 덕분에 국방비지출이 감소하면서 장거정이 일조편법을 실시할 수 있었지만요.

여진족의 후예인 만주족이 창업한 청황조는 중국을 비롯해 동몽골리아·동투르키스탄·티벳을 정복했습니다. 그런데 청황조를 북조나 금황조처럼 황조의 쇠퇴기로 규정하는 바필드의 설명에는 문제가 있습니다. 청황조는 명황조를 계승하여 한 단계 더 발전시켰다고 할 수 있거든요. 당송처럼 명청도 황조의 성장기였다면, 명청에게 당송을 쇠퇴시킨 금원의 역할을 한 것은 양이(洋夷, 서양오랑캐)였다고 할 수 있겠지요.

특히 18세기 후반에 무굴왕조를 정복하고 인도에 대한 지배를 토대로 해서 산업혁명을 추진한 영국이 청황조에게 강요한 문호개방이 결정적이었습니다. 물론 청황조는 영국에게 정복되는 대신 반식민지반봉건사회로 이행했고, 그 후 구민주주의혁명과 신민주주의혁명이 전개되었지만요.

신주백 박사가 편집한 『중국 대학역사교재 속의 한국·한국사』(동북아역사재단, 2008)와 장비비가 편집한 『중한관계사』(1998; 국역: 『한중관계사』, 범우사, 2005)를 참고하면서 바필드의 설명을 보충해보겠습니다. 일본과 베트남의 역사에 대해서는 『일반화된 마르크스주의의 쟁점들』(공감, 2007)에 실린 「중국·동아시아 왕조사 개관」을 참고하세요.

중국사에서 한국이 출현한 최초의 사례는 예맥족의 부족연맹인 고조선이었습니다. 전국시대에 연이 고조선을 요하 유역(요동)에서 대동강 유역(평양)으로 축출했고, 진한교체기에는 연의 유민 위만이 고조선의 정권을 찬탈했는데, 고조선의 지배층은 한강 유역으로 후퇴하여 역시 예맥족의 부족연맹인 마한으로 통합되었지요. 상왕조의 발원지가 산동·요동반도였고, 상주교체기에 상왕조의 유민 기자가 고조선으로 이주했다는 전설도 있지만, 논외로 하겠어요.

한중관계에서 가장 중요한 사건은 역시 한무제가 베트남과 함께 만주에도 설치한 기미주(羈縻州, 식민지)였습니다. 한사군 중에서 압록강 유역의 현도군과 대동강 유역의 낙랑군이 가장 중요했고요. 반면 고조선의 유민은 송화강 유역의 부여, 압록강 유역의 고구려, 흑룡강 유역의 숙신으로 산개했습니다. 또 부여·고구려에서 분리된 백제는 한강 유역의 마한을 정복했고, 낙동강 유역의 변한과 경주 근처의 진한도 각각 가야와 신라로 발전했고요. 숙신을 제외한 부여·고구려·백제·가야·신라는 부족연맹이었어요.

고구려의 역사는 한사군이 점령한 고토를 회복하려는 노력으로 점철되었습니다. 건국과 동시에 고구려는 현도군을 요동으로 축출했지요. 또 16국시대 초기에 현도군 정복에 실패한 미천왕은 낙랑군을 정복했고요. 그 후 고국원왕이 백제의 근초고왕에게 패전하여 전사하자 소수림왕은 봉건제로의 이행을 시도했습니다. 또 16국시대 말기에 숙신의 후예인 말갈족을 통합하고 부여를 정벌한 광개토왕은 요동 정복을 시도했고요.

그러나 북조가 중원을 통일하면서 장수왕은 평양으로 천도하여 한강 유역을 정복했습니다. 이 과정에서 백제는 물론이고 신라와의 갈등이 심화되었지요. 설상가상으로 북조를 계승하여 중국을 통일한 수당과의 조공책봉관계를 거부하면서 고구려는 쇠퇴하기 시작했고 결국 백제와 함께 나당연합군에게 패망했어요. 삼국을 통일한 다음 신라는 중국과 조공책봉관계를 유지했는데, 이런 전통은 고려와 조선으로 계승되었습니다. 송요금원에게 고려가 멸망하지 않았고 또 명청에게 조선이 멸망하지 않았던 것은 그 덕분이었지요.

중국사학계는 변강역사연구공정(工程, 프로젝트)을 진행중입니다. 현대 이전의 변경지역(frontier) 개념이 현대의 국경선(borderline) 개념으로 전환되는 계기는 합스부르크왕조의 스페인에 대한 네덜란드의 독립전쟁을 종결시킨 최초의 국제법인 베스트팔렌조약이었지요. 아편전쟁 이후 동아시아에서도 변경지역이 국경선으로 전환되면서 출현한 것이 변강(邊疆), 즉 국경선 내부로 편입된 변경지역이라는 개념이었어요.

변강역사연구공정의 주요한 대상은 청황조가 중국의 한족과 통합한 동북의 만주족, 북부의 몽골족, 서북의 위구르족, 서남의 티벳족의 역사입니다. 중국혁명 이후에 계속된 사회사 논쟁에서 모택동의 지도 아래 범문란이 제기한 통일적 다민족국가라는 문제에 대한 중국사학계의 해답이 바로 백수이의 『중국통사』이지요.

2002년부터 시작된 동북공정의 대상은 말갈족·여진족·만주족의 역사입니다. 그들은 숙신의 후예였는데, 방금 지적한 것처럼, 숙신은 고구려·부여와 함께 고조선의 후예였지요. 또 발해는 광개토왕에 의해 고구려에 복속되었던 말갈족이 건국했고요. 발해를 건국한 대조영이 말갈족이었다는 유득공의 설이 유력하거든요.

그런데 만일 청황조가 중국을 정복하지 않았다면, 아마 동북공정도 존재하지 않았을 것입니다. 유소맹의 『여진부락에서 만주국가로』(2007; 국역: 푸른역사, 2013)와 크로슬리(Pamela Crossley)의 *The Manchus* (Blackwell, 1997; 국역: 돌베개, 2013)를 참고하면서 만주족의 역사를 정리해보겠어요.

금황조가 원황조에게 멸망한 다음 여진족은 송화강 유역의 건주여진·해서여진과 흑룡강 유역의 야인여진으로 산개하면서 어렵(漁獵, 어로와 수렵)과 채집으로 생활했습니다. 원말명초에 건주여진과 해서여진은 부계씨족공동체에서 부족으로 발전했는데, 건주여진의 경우 명황조와의 갈등이 중요한 계기였고, 해서여진의 경우 서몽골(오이라트)과의 갈등이 중요한 계기였지요. 반면 별다른 대외 갈등이 없었던 야인여진은 부계씨족공동체를 유지했고요.

16세기에 해서여진이 주도한 여진족의 부족연맹이 건설되었는데, 그러나 부족간의 갈등으로 인해 1582년에 해체되었습니다. 1583년에 거병하여 1588년에 건주여진을 장악한 누르하치는 1599년부터 1613년까지 부족연맹을 부분적으로 재건했고 1616년에는 금황조를 재건했지요. 1619년에 명황조의 요동을 정복한 다음 부족연맹을 완전히 재건했고요. 1626년에 그가 전사하자 팔남 홍타이지가 명황조와의 전쟁을 계속하면서 1636년에 만주족의 청황조로 개명했습니다. 1643년에 그가 병사하자 구남 복림을 순치제로 옹립한 섭정 도르곤(누르하치의 십사남)이 1645년에 명황조를 정복했지요.

임진왜란(1592-93)에 참전하고자 시도한 바 있는 누르하치는 생전에 조선을 정벌한 적이 없습니다. 반면 홍타이지는 두 번 정벌했는데, 그것이 바로 정묘호란(1627)과 병자호란(1636-37)이었지요. 그의 가장 중요한 목적은 명황조를 정복하기 위해 필요한 군자금과 군량미를 확보하는 것이었어요. 또 중국의 조공책봉국인 조선이 배후에서 공격할 가능성을 미리 차단한다는 목적도 있었겠고요.

중국경세학사

중국봉건제에 대한 설명을 보충하기 위해 호기창의 『중국경제사상사 간편』(1981; 영역: *A Concise History of Chinese Economic Thought*, Foreign Languages Press, 2009)을 중심으로 중국경세학사를 개관해보겠습니다. 호기창은 경제학이라고 하지만, 경세학이라고 하는 것이 타당할 것 같아요. 경제학은 자본주의에 고유한 이론적 이데올로기이거든요.

춘추전국시대: 제자백가의 백가쟁명

먼저 호기창의 입장에 대해 한두 가지만 지적해두겠습니다. 그는 상업·무역의 발전으로 역사의 진화를 설명하는 경향이 있는데, 이것은 이탈리아 출신의 미국 마르크스주의 경제학자 아리기도 주목한 바 있는 대표적인 현대경제학자 힉스의 역사관과도 친화성이 있어요. 사실 호기창과 힉스는 영국 런던경제대학(LSE)의 동문인데, 이 대학은 현대경제학에서 케인즈주의적 경향보다는 오히려 신고전파적 경향을 대표하는 것으로 유명하지요.

또 호기창은 범문란·전백찬처럼 주왕조를 봉건제로 인식하고 있습니다. 그는 주왕조의 봉건제를 노동지대를 특징으로 하는 영주제라고 부르는 반면 진한 이후의 봉건제를 생산물지대를 특징으로 하는 지주제라고 부르지요. 또 진한부터 수당까지는 전기 지주제, 즉 지주제의 성장기라고 부르는 반면 송원부터 명청까지는 후기 지주제, 즉 지주제의 쇠퇴기라고 부르고요. 그러나 시대구분 문제에 대해서는 더 이상 부연하지 않겠어요.

노예제였던 주왕조에 별다른 경세학이 존재하지 않았다는 것은 당연한 일입니다. 다만 독특한 재정관이 있었는데, 이것이 바로 양입위출(量入爲出)의 원칙이었지요. 이 원칙은 수입을 헤아려 지출을 정한다는 의미, 쉽게 말해서 사치와 낭비를 지양하고 검소와 절약을 지향한다는 의미였어요.

병역을 담당한 국인의 조세를 면제한 주왕조의 재정수입은 야인이 부담한 토지세와 공물이었습니다. 정전제에 따른 토지세는 생산물의 1/9을 납부한 구일세(九一稅)였지요. 또 공물은 토산물이었는데, 이것이 공토소의(貢土所宜, 땅에 마땅한 것, 즉 토산물을 바친다)와 임토소의(任土所宜, 토산물을 쓴다)라는 원칙이었어요. 물론 야인은 노예였으므로 이런 것들을 조세라고 부를 수 있을지는 논란의 여지가 많겠지만요.

본격적인 의미에서 경세학의 효시는 제환공을 최초의 춘추오패로 옹립한 관중으로 소급하는 것이었습니다. 관중은 '창고가 차면 예절을 안다'(倉廩實則知禮節)고 주장했지요. 또 스스로 상인 출신이었던 그는 중상주의를 주장하기도 했고요. 그의 재정관도 역시 중상주의적이었는데, 조금 이따가 설명할 것처럼, 전국시대에 출현한 『관자』에서 체계화되었어요.

관중의 경세학을 특징짓는 것은 사민분업정거(四民分業定居)론이었는데, 사농공상(士農工商)이라는 네 종류의 평민은 직업이 구분되고 주거가 고정된 세습적 신분이라는 의미였습니다. 사는 주왕조의 국인처럼 무사였는데, 더 이상 국인이라고 하지 않은 것은 도성이 아니라 그 근처에 거주했기 때문이에요.

춘추시대 말기에 활동한 공자에게도 물론 경세학이 있었습니다. 그는 관중과 마찬가지로 '경제가 먼저이고 예절은 나중이다'(先食後禮)라는 사실을 인정하면서도 역시 예의(禮義)의 중요성을 강조했지요. 의는 이념으로서 의리(義理)이고 예는 제도로서 예절이라는 것이 그의 지론이었거든요. 알튀세르를 따라서 행동의 규범으로서 이념을 이데올로기라고 부르고 행동의 규칙으로서 제도는 이데올로기적 국가장치라고 부를 수 있겠지요.

공자의 재정관은 역시 주왕조의 양입위출을 계승하는 것이었습니다. 그는 절용(節用, 아껴 쓰다)을 장려했고 취렴(聚斂)에 반대했지요. 취렴은 가렴(苛斂)이라고도 했는데, 주구(誅求, 책망하여 강탈하다)와 짝이 되어 중세(重稅)를 통한 수탈을 의미했지요. 그는 특히 십일세(什一稅)가 타당하다고 주장했어요.

공자는 관중이 말한 사민 중에서 특히 사와 농을 구별했습니다. 사는 노심자(勞心者, 지식노동자)인 반면 농은 노력자(勞力者, 육체노동자)라는 것이었지요. 이런 의미에서 새로운 사는 출사(出仕)하여 대부가 되거나 아니면 재야에서 강학(講學)하는 문사였습니다. 무사를 협(俠)이라고 부른 반면 문사를 유(儒)라고 부르기도 했는데, 괄괄하지 않고 유순(柔順)하다는 의미였지요. 유(儒)와 유(柔)는 동일한 의미였거든요.

전국시대에 관중의 후예가 저술한 『관자』는 중상주의적 관점에서 열국간 무역을 부국강병책으로 제안했습니다. 또 이런 관점에서 관중의 재정관도 체계화했는데, 특히 조적(租籍, 자발적 조세)과 정적(征籍, 강제적 조세)을 구별했다는 특징이 있지요. 전자는 토지세를 의미했고, 후자는 인두세와 관세·거래세를 의미했어요.

『관자』의 재정관도 여전히 양입위출의 원칙이었다고 할 수 있습니다. 중세에 반대하면서 지출을 제한했거든요. 또 조적의 세율과 함께 정적의 세율도 인하하자고 제안했고요. 그 대신 재정을 확충할 수 있는 방법으로 제안한 것이 바로 소금과 쇠에 대한 국가의 독점, 즉 염철전매였어요.

반면 유가의 대안은 맹자가 제시했습니다. 그는 '백성은 귀하고 군주는 가볍다'(民爲貴君爲輕)고 주장했는데, 그가 말한 인정(仁政)의 핵심이 민본(民本)이었음을 알 수 있는 대목이에요. 또 '백성은 경제를 하늘로 삼는다'(民以食爲天)고 주장했는데, 그 의미는 관중이나 공자의 주장과 거의 동일했지요.

맹자의 경세학에서 핵심은 겸병전쟁을 통해 '국토를 넓히고 백성을 늘리는'(廣土衆民) 패도정치에 반대하면서 백성의 항산(恒産), 즉 생업을 유지하는 데 필요한 일정한 규모의 토지를 보장하는 왕도정치를 주장한 데 있었습니다. 특히 중농주의의 입장에서 주왕조의 정전제를 부활시켜야 한다는 것이 그의 주장이었어요.

맹자는 노동지대로서 조법(助法)과 생산물지대로서 공법(貢法)이라는 조세의 형태에 대해서도 비교·검토했는데, 그의 결론은 공법보다 조법이 타당하다는 것이었지요. 정전제를 특징짓는 것이 바로 공법이 아니라 조법이었거든요. 『관자』가 주장한 관세나 거래세는 당연히 기각했고요.

전국시대의 경세학을 지배한 것은 물론 상앙의 변법으로 귀결된 일련의 변법운동이었습니다. 먼저 전국시대 초기에 위의 이회는 '먹으려면 일하고 녹작(祿爵, 관작)을 얻으려면 군공(軍功)을 세우라'(食有勞祿有功)는 원칙을 제시했지요. 나중에 진의 상앙은 이런 원칙을 경전일치(耕戰一致) 또는 병농일치(兵農一致)의 원칙으로 발전시켰고요. 따라서 이회와 상앙의 변법은 중농주의였다고 할 수 있어요.

경전일치의 원칙에 대해 좀 더 설명해보겠습니다. 먼저 조세는 남경여직·일가일호의 농민이 납부하는 토지세와 공물, 즉 생산물지대였지요. 노동지대인 요역은 면제되었는데, 토지세와 공물을 납부하지 않은 농민이 노비(奴婢, 남종과 여종)로 전락하여 요역을 전담했거든요. 또 농민만이 병사가 될 수 있는 권리를 가졌고, 군공을 세우면 하급의 관작을 얻을 수도 있었지요. 이런 원칙은 국토는 넓고 인구는 적은 진의 내민(徠民, 이민)정책이기도 했어요.

상앙의 변법을 체계화한 것이 법가였습니다. 먼저 유가에서 법가로 이행한 순자는 중농주의의 관점에서 중상주의를 비판하기 위해 생산적 노동이라는 개념을 제시했지요. 또 상앙과 마찬가지로 노동지대로서 조법이 아니라 생산물지대로서 공법을 지지했고요. 나아가 상앙과 달리 토지생산성의 상승에도 관심을 가졌는데, 그러나 구체적으로 농법을 제시했던 것은 아니에요.

법가를 완성한 사람은 물론 순자의 제자 한비자였습니다. 그는 특히 중농주의를 '농업을 본체로 하고 수공업과 상업을 말단으로 한다'(農本工商末)는 원칙으로 발전시켰습니다. 또 의리에 대한 이욕(利欲, 이익과 욕망)의 우위를 주장하기 위해 자위(自爲, 자기이익)라는 개념을 강조하기도 했고요.

묵가·농가·도가의 경세학에 대해서도 설명해보겠습니다. 먼저 묵가는 의리 대신 교리(交利, 상호이익)를 주장했고, 맹자와 동시대에 초 출신의 허행이 창시한 농가는 '일하지 않는 자는 먹을 수 없다'(不生産者不得食)는 원칙 아래 '군주와 백성이 함께 농사를 지어야 한다'(君臣幷耕)고 주장했지요. 노예제에서 봉건제로 이행하는 상황에서 둘 다 농민공동체를 지향했던 것이에요. 물론 농가는 농법에 대해서도 연구했다는 차이가 있지만요.

반면 도가는 '넓은 국토와 많은 백성'(廣土衆民)과 정반대로 '좁은 국토와 적은 백성'(小國寡民)을 이상으로 제시하면서 원시공동체로의 복귀를 지향했지요. 한황조 말기에 장각이 창시한 민간도교인 태평도는 묵가·농가와 유사한 농민공동체를 태평(太平, 하늘처럼 크고 땅처럼 고르다)이라는 이상으로 제시하기도 했지만요.

유가도 도가·묵가·농가의 영향을 받아 태평과 유사한 이상을 제시했다는 사실을 지적해두겠습니다. 이것이 『예기』에 나오는 대동(大同)이었는데, 가천하(家天下)를 특징짓는 국가가 출현하기 이전의 공천하(公天下)를 특징짓는 원시공동체를 의미했지요. 그러나 대동을 실현하기 전에 먼저 가천하에서 예의(禮義)를 통해 소강(小康, 얼마간의 안락)을 실현할 수 있는 예운(禮運)이 필요하다는 것이 유가 경세학의 핵심이었어요. 도가·묵가·농가의 이상주의와 달리 유가는 역시 현실주의를 견지했거든요.

이익과 욕망에 대한 유가·묵가·도가·법가의 논쟁을 보충해두겠습니다. 욕망에는 식욕이나 성욕 같은 본능 이외에도 이익과 관련된 물욕이 있지요. 유가는 절욕(節欲) 또는 도욕(導欲), 즉 의리(義理)로써 욕망을 조절하거나 인도해야 한다고 주장했는데, 그럴 수 있는 사람을 군자라고 불렀고 그럴 수 없는 사람을 소인이라고 불렀어요. 또 묵가는 과욕(寡欲), 즉 욕망은 작아야 한다고 주장했고, 도가는 거욕(去欲) 또는 절욕(絶欲), 즉 욕망을 버리거나 끊어야 한다고 주장했지요. 반면 법가는 욕망의 해방을 주장한 셈이었고요.

진한: 동중서와 상홍양

한황조의 조세는 생산물지대와 노동지대로 구성되었습니다. 생산물지대로서 부세(賦稅)는 전세(田稅)와 구부(口賦)를 의미했는데, 전자는 토지세였고 후자는 인두세적 성격의 공물이었지요. 또 공토소의·임토소의라는 원칙과 달리 공물을 화폐로 대납할 경우에는 구부 대신 산부(算賦)라고 부르기도 했고요. 노동지대는 물론 인두세적 성격의 요역(徭役)과 군역(軍役)이었어요. 토지생산성이 낮았던 한황조에서는 토지세율도 낮아서 1/30에 불과했는데, 대신 인두세의 비중이 아주 높았지요.

한황조의 조세는 원칙적으로 수리관개시설 같은 '사회간접자본'이나 국방에 지출되는 것이었습니다. 이런 의미의 재정의 공공성은 서양에서 2000년 후에야 비로소 스미스가 주장할 수 있었던 것이지요. 물론 황제의 개인적 소비에 충당한 조세도 있었는데, 이것이 바로 '산·바다·연못·진펄에서 걷는 조세'(山海池澤之稅)였어요.

한황조의 경세학은 역시 한무제 때 발전했습니다. 먼저 동중서는 상앙의 변법이 정전제를 폐지한 이후 토지겸병이 심화되었다고 주장했지요. 맹자가 제안한 정전제를 실현하려면 먼저 토지겸병을 제한하는 한전제부터 실시해야 한다는 것이 그의 주장이었어요. 또 그는 과중한 토지세를 비롯한 다양한 조세를 경감해야 한다고 주장하기도 했고요.

사마천은 한전제를 통해 정전제를 부활시키자는 동중서의 복고주의를 비판하면서 상앙의 변법을 옹호했습니다. 그러나 토지겸병과 중세에 대한 대안을 제시하지는 못했어요. 또 사마천은 중농주의를 견지하는 동시에 중상주의에 대해서도 주목했지요. '화식열전'에서 상인의 활동을 부각시킨 것이 그 증거였다고 할 수 있는데, 화식(貨殖)은 재물의 증식이라는 의미였거든요.

반면 상홍양은 동중서에 대한 대안으로 중상주의를 주장했습니다. 그는 특히 『관자』가 주장한 염철전매론을 채택하면서 술의 전매도 추가했지요. 나아가 화폐의 사용을 장려하면서 가의가 제안한 것처럼 사주(私鑄), 즉 민간의 화폐주조를 금지함으로써 주조이익(seigniorage)의 국가독점을 주장했고요.

동중서의 중농주의가 민간주도를 주장했다면 상홍양의 중상주의는 국가독점을 주장했다고 할 수 있는데, 이런 논쟁은 2000년 후에 프랑스에서 반복되었습니다. 『논어』를 중시하여 '유럽의 공자'라고 불리던 케네가 루이 13세의 재상 리슐리외 이후 견지되어 온 중상주의를 비판한 것이었지요. 한전제를 통한 정전제의 부활을 주장한 유가가 상홍양의 염철주전매론과 사주금지론이 '민간과 이익을 경쟁한다'(與民爭利)고 비판한 것은 당연한 일이었어요.

한황조의 중쇠기에 신을 건국한 왕망은 동중서의 중농주의와 상홍양의 중상주의 사이에서 동요하다가 결국 자멸하고 말았습니다. 정전제를 실시하기 위해 토지를 국유화한 왕전제(王田制)가 실패하자, 염철주전매를 실시하는 동시에 주조이익의 확보를 위한 화폐개혁을 단행했거든요. 또 그가 흉노족과의 대결정책을 추진했다는 사실에도 주목할 수 있고요.

위진남북조수당: 효문제와 양염

당황조는 균전제를 통해 토지겸병을 완화하면서 지조(地租)·정용(丁庸)·호조(戶調), 즉 조용조라는 조세제도를 정비했습니다. 토지세인 지조와 공물인 호조는 생산물지대였고, 요역인 정용은 노동지대였지요. 정용에 군역이 포함되지 않았다는 사실에 주목할 필요가 있습니다. 부병제(府兵制)에 따라 조세를 면제받는 대신 군역을 전담하는 농민이 있었거든요.

균전제와 조용조는 위진남북조에서 실시된 일련의 변법을 계승한 것이었습니다. 먼저 위황조는 토지겸병에 대한 대안으로 둔전제를 실시했고, 토지겸병을 용인한 진황조는 둔전제를 점전제로 대체했지요. 그러나 가장 중요한 개혁은 역시 북조의 효문제가 실시했습니다. 문벌지주가 지배하던 남조와 경쟁하기 위해 점전제를 균전제로 대체했거든요. 또 구부·산부를 호조로 대체하기 위해 공물을 재배할 수 있는 삼나무밭과 뽕나무밭도 분배했고요. 그러나 북조도 문벌지주와 타협하기 위해 그들이 소유한 노비와 소에게 토지를 분배하는 동시에 광범위한 면세도 실시했어요.

균전제를 실시한 이후에 또다시 토지겸병이 심화되자 당황조 중기에 양염은 조용조를 개혁하는 양세법을 실시하고 양출제입(量出制入)이라는 새로운 재정관을 제시했습니다. 양세법은 여름과 가을에 두 번 조세를 징수한다는 의미였고, 양출제입은 지출을 헤아려 수입을 정한다는 의미였지요.

양세법은 토지생산성의 상승을 반영하여 토지소유를 기준으로 조세를 부과하는 것이었습니다. 그 결과 토지세의 비중이 상승하고 인두세의 비중이 하락하여 빈부에 따른 누진세가 도입된 셈이었지요. 요역의 화폐 대납을 추진하기도 했는데, 곧 폐지되었고요. 또 조용조를 양세법으로 개혁하는 것과 동시에 징병제인 부병제가 모병제로 대체되었다는 사실에도 주목할 필요가 있지요.

송원: 왕안석과 진량·섭적

송황조 때 경세학을 집대성한 것은 방전법(方田法), 수리법(水利法), 모역법(募役法), 균수법(均輸法)으로 구성되는 왕안석의 신법이었습니다. 방전법은 비옥도로 구별되는 정사각형의 토지를 단위로 양전(量田, 토지측량)을 실시하여 토지세를 부과하는 정책이었고, 수리법은 수리관개사업으로 강남을 개발하는 정책이었는데, 둘 다 향신지주에게 유리했지요. 또 모역법은 요역의 화폐 대납을 추진하는 것으로 역시 향리의 직역(職役)을 담당해야 했던 향신지주에게 유리했고요. 나아가 상홍양을 계승하는 균수법은 중상주의적 요소를 갖는 것이었는데, 요황조·하황조와의 대결을 추진한 그의 대외정책과 관련되는 것이었어요.

왕안석의 재정관에도 주목할 필요가 있습니다. 그는 '정치는 이재를 하는 바다'(政事所以理財), 즉 정치는 재정(財政)이라고 주장했는데, 이재와 재정은 모두 천하의 재물(天下之財)을 다스린다는 의미였지요. 또 '대개 천하의 노동으로써 천하의 재물이 생산되고, 천하의 재물로써 천하의 비용이 제공된다'(蓋因天下之力以生天下之財, 取天下之財以供天下之費)고 주장하기도 했는데, 재정수입의 원천은 생산이라는 이런 주장은 재정지출이 생산에 기여해야 한다는 의미였어요.

양세법이라는 구법만으로도 충분하다는 입장인 사마광은 별다른 경세학을 제시하지 못했습니다. 다만 소순은 유가가 견지해온 정전제라는 이상은 이미 실행불가능한 것이므로 포기할 수밖에 없다고 주장했지요. 또 남자균등상속제로 인한 석산(析産, 재산의 분할) 때문에 대토지소유가 출현하지는 않을 것이라고 주장하기도 했는데, 이것은 물론 경세학의 부재에 대한 변명이었어요. 주희도 새로운 제도를 '시대에 따라 적절하게 제정할'(因時制宜) 필요성을 인정했는데, 그러나 구체적인 내용은 별로 없었고요.

이 때문에 사마광의 구법당과 왕안석의 신법당의 당쟁은 주로 경학에 대한 이견을 둘러싸고 전개되었습니다. 왕안석은 오경 중에서 『춘추경』과 『역경』은 무시하고 삼경, 즉 『시경』, 『서경』, 특히 『예경』을 중시했지요. 또 『예경』의 해설서인 삼례(三禮) 중에서 총론격인 『예기』나 사례(士禮)를 설명하는 『의례』를 무시하고 왕례(王禮)를 설명하는 『주례』를 중시했고요. 게다가 과거시험에서 경서에 대한 자신의 독특한 해석을 강요하기도 했어요.

사마광은 왕안석을 재승박덕(才勝薄德, 재능은 많으나 덕행이 적다)한 난신적자(亂臣賊子, 나라를 어지럽히고 집안을 그르치는 자)로 규정하면서, 오경의 해설은 『논어』와 『맹자』, 특히 『예기』의 일부인 『대학』과 『중용』이라는 사서에서 발견해야 한다고 주장했습니다. 또 사서 중에서도 한유의 선례에 따라 『대학』에 주목했고요. 『논어』와 『맹자』를 집주(集注, 해설의 종합)하고 『대학』과 『중용』을 장구(章句, 편집)하면서 그 순서를 『대학』, 『중용』, 『논어』, 『맹자』로 확정한 사람은 물론 주희였지요.

송황조 후기에 공리학파(功利學派)가 출현했습니다. 사학사에서 이미 설명한 것처럼, 진량은 주희와 왕패의리(王覇義利) 논쟁을 전개했는데, 그를 계승한 섭적은 소순·주희와는 또 다른 관점에서 정전제라는 이상을 비판했지요. 정전제와 분봉제의 역사적 관계에 주목하면서 군현제에서 정전제란 복고주의적 이상일 따름이라고 주장했거든요. 또 당시의 상황을 반영하여 중상주의로 조세를 보충할 것을 제안하기도 했고요.

원황조 때는 중상주의가 흥기하여 위구르·이란·아랍계 출신인 색목인이 중용되었습니다. 또 은본위제가 채택되었는데, 실제로 유통된 것은 물론 동전이었고, 이런 상황은 명황조나 청황조에서도 역시 마찬가지였지요. 원황조 때는 송황조의 교자(交子)·회자(會子), 금황조의 교초(交鈔)를 계승하는 보초(寶鈔)가 동전 대신 유통되기도 했는데, 이것이 불환지폐의 효시였어요.

명청: 구준과 장거정·강희제

호기창은 명황조 때 구준을 아편전쟁 이전의 중국에서 최고의 경세학자로 평가하고 있습니다. 그러나 그의 설명은 너무 소략하므로 덕성여자대학교 사학과 윤정분 교수의 『중국근세경세사상 연구: 구준의 경세서를 중심으로』(혜안, 2002)를 참고할 필요가 있는데, 이 책은 조선왕조의 탕평군주 정조가 구준의 경세학을 어떻게 왜곡했는지에 대해서도 자세하게 설명하고 있어요.

명황조 때 송황조의 신유학은 거자학(擧子學), 즉 과거준비생을 위한 학문으로 변질되었습니다. 또 이에 반발하여 왕수인이 리학을 비판하는 심학을 새로운 수양학으로 제시한 반면 구준은 신유학에 결여된 경세학을 제시했지요. 이미 지적한 것처럼, 주희의 제자 진덕수는 『대학연의』에서 수양학에 치중했는데, 왕안석의 신법을 비판적으로 계승하여 이런 결함을 해결하려는 것이 바로 구준의 『대학연의보』였어요.

구준은 40대 초반에 『주자학적』이라는 사상사를 저술했는데, 적(的)은 해설이라는 의미였습니다. 또 60대에는 『세사정강』과 『대학연의보』를 저술했지요. 먼저 『세사정강』은 진황조의 통일부터 명황조의 건국까지의 역사를 서술한 것인데, 세사(世史)는 천하의 역사와 국가의 역사라는 의미였고, 정강(正綱)은 올바른 세도(世道, 천하의 질서로서 화이관계)와 국기(國紀, 국가의 질서로서 기강)라는 의미였지요. 국가의 역사는 대내사를 의미했고 천하의 역사는 대외사를 의미했던 셈이에요.

『대학연의보』에서 구준은 환관의 전횡 때문에 명황조의 중쇠기가 시작되었다는 판단에서 조정과 육부의 개혁에 대해 상세하게 설명했습니다. 그 분량은 조정(내각)·이부(내무부)의 개혁이 10%, 호부(재무부)의 개혁이 15%, 예부(문교·외무부)의 개혁이 25% 이상, 병부(국방부)의 개혁이 25%, 형부(법무부)의 개혁이 10%, 공부(국토·건설부)의 개혁이 10%를 차지했지요.

구준은 조정·이부의 개혁과 관련하여 용인(用人, 인재의 등용)에 대해 설명하면서 군신공치(君臣共治)라는 이상을 제시했는데, 이것은 황권주의를 제한하는 신권주의를 의미했습니다. 세습군주의 능력에 한계가 있다는 것은 당연한 일이었는데, 이미 지적한 것처럼, 황권이 제한되지 않을 경우 환관이나 외척이 전횡한 역사적 사례에 주목한 사람은 청황조의 조익이었지요. 반면 황권에 의지하여 신법을 추진한 왕안석에게는 신권주의적 군신공치라는 개념은 존재할 수 없었던 것이고요.

구준은 신권주의적 군신공치를 실현하려면, 덕행과 재능을 기준으로 인재를 선발하는 것이 중요하다고 강조했습니다. 그런 인재가 사유(師儒, 군주와 백성의 스승으로서 문사)였는데, 군사(君師, 백성의 스승으로서 군주)를 대체한 최초의 사유는 공자였지요. 물론 이것도 구준의 이상이었어요. 공자의 말처럼 '도가 행해지지 않음을 이미 알면서도 출사하여 의를 행하는' 군자로서 사유는 '비극적 영웅'으로 해석할 수 있거든요.

구준은 치민(治民, 백성의 통치)을 양민(養民, 백성의 부양)과 교민(教民, 백성의 교화)으로 구별했습니다. 먼저 양민과 관련하여 호부의 개혁에 대해 설명했는데, 그의 이재론은 왕안석의 이재론을 비판적으로 계승한 것이었지요. 그는 이재를 이민재(理民財, 민간의 재물의 관리)와 이국재(理國財, 국가의 재물의 관리)로 구별했는데, 전자는 생재(生財, 재물의 생산)였고, 후자는 취재(取材, 재물의 수취)와 용재(用財, 재물의 이용)였어요. 좁은 의미의 이재로서 이국재의 원리는 역시 양염의 양출제입이었고요.

이재의 핵심은 물론 생재였는데, 재는 식(食)과 화(貨), 쉽게 말해서 먹을 것인 곡물과 쓸 것인 물건이었습니다. 재에 폐(幣), 쉽게 말해서 돈은 포함되지 않았지요. 또 생재를 위해서는 항산(恒産), 즉 생업에 필요한 일정한 재산으로서 토지가 필요했고요. 구준이 말하는 항산은 물론 맹자의 개념이었습니다. 그런데 구준이 맹자의 정전제(井田制) 개념도 채택한 것은 아니었어요. 이미 지적한 것처럼, 송황조 때 이미 소순과 주희가 정전제의 실행불가능성과 시의부적절성을 지적했고, 또 섭적은 정전제가 복고주의적 이상일 따름이라고 비판했거든요.

구준이 양민의 방안으로 제시한 것은 인정(人丁, 성인남자)의 수를 기준으로 토지소유의 규모를 규제하는 배정전법(配丁田法)이었습니다. 기득권을 인정하여 법의 적용을 소급하지는 않되, 법의 시행 이후에는 토지의 매매를 통해 재분배를 유도한다는 것이었지요. 예를 들어 토지보다 인정이 많을 경우에는 토지의 구매를 허용하되 한도를 초과할 수 없는 반면 토지보다 인정이 적을 경우에는 더 이상 토지를 구매할 수 없도록 한다는 것이었어요.

구준은 동중서의 한전제와 유사한 배정전법으로 구법인 양세법을 개혁할 수 있다고 주장하는 동시에 방전법·수리법·모역법 같은 왕안석의 신법도 수용했습니다. 다만 상홍양에게서 비롯된 균수법은 기각했어요. 마찬가지로 여민쟁리할 따름인 염철주차전매도 기각했고요. 또 화폐의 사용을 억제하면서 민간의 화폐주조도 금지했지요. 상홍양이나 왕안석과 달리 구준이 중농주의에 철저했다는 사실을 알 수 있는 대목이에요.

구준은 교민과 관련하여 예부와 형부의 관계도 개혁해야 한다고 주장했습니다. 그는 진한 이래 예악(禮樂)은 생략한 채 형정(刑政)만 상세하여 정치(政治, 형정으로 다스린다)가 예치(禮治, 예악으로 다스린다)를 대체했다고 비판했지요. 형정을 통해 통치하는 무위(武威)와 무단(武斷)을 예악을 통해 통치하는 문덕(文德)과 문치(文治)로 대체해야 한다는 것이었어요. 무단과 달리 문치의 핵심은 예악을 통한 교민이었고, 형정에 의한 억압은 보조수단이었을 따름이지요.

구준은 병부의 개혁에 대해서도 설명했는데, 문치가 문약(文弱)은 아니었다는 사실을 알 수 있는 대목입니다. 경전일치의 원칙에 따라 당황조의 부병제를 부활시키되, 다만 절도사의 할거를 예방하기 위해서는 병권이 집중되면서 문관의 통제를 받아야 한다는 것이었지요. 또 환관이 병권에 간여하는 것을 금지해야 한다고 주장했는데, 당황조 때 황궁의 호위를 전담한 것이 그들이었거든요. 나아가 화이관계에서는 당황조나 송황조처럼 전쟁과 화친 사이에서 동요해서는 안 되고, 내정과 수비에 치중하면서 조공책봉관계를 정착시켜야 한다고 주장했지요.

공부의 개혁은 사치와 낭비를 지양하고 검소와 절약을 지향한다는 주왕조 이래의 전통적 재정관 또는 절용이라는 공자의 재정관을 재확인하는 것이었습니다. 특히 궁궐과 도성의 건축에 신중해야 한다는 것이었지요. 물론 양입위출은 아니었는데, 이미 지적한 것처럼, 그는 양염의 양출제입을 지지했거든요.

100년 후에 척계광과 왕숭고를 통해 조공책봉관계를 부활시키고 부분적으로나마 구준의 경세학을 실행한 사람은 장거정이었습니다. 그는 양전과 함께 일조편법을 실시했지요. '토지를 계량하여 화폐를 징수한다'(計畝徵銀)는 일조편법은 양세법을 발전시켜 인두세를 토지세와 통합하는 동시에 은납화를 추진한 것이었지요. 그러나 인구의 변동에 따라 인두세액이 가변적이라는 단점이 있었습니다. 이 문제를 해결하는 것이 바로 청황조 때 강희제가 실시한 '인두세를 토지세로 환원한다'(攤丁入畝)는 지정은세법이었는데, 간접세의 비중을 상승시키는 대신 인두세액을 고정시켰어요.

아편전쟁 직후 위원은 '오랑캐의 재주를 본받자'(師夷長技)는 구호를 제시하면서 서양의 기술과 제도를 수입할 것을 주장했는데, 이것이 중상주의적 부국강병을 지향하는 이홍장의 양무운동, 나아가 일본의 명치유신의 선구라고 할 수 있습니다. 양무운동의 구호는 '중국의 학문을 형이상학으로 삼고 서양의 학문을 형이하학으로 삼자'(東道西器)는 것이었지요.

아편전쟁 이후에는 물론 부르주아 경제학도 수입되었습니다. 그러나 스미스의 『민부』(민간의 부)를 '국부'(국가의 부)를 증식시키는 치국책(statecraft)으로 오해했지요. 부르주아 경제학에 대한 이런 오해는 신해혁명을 전후해서야 비로소 불식되었습니다. 그러나 이미 사학사와 관련하여 설명한 것처럼, 5·4운동을 계기로 부르주아 경제학은 곧 마르크스주의적 역사과학으로 대체되었어요.

마지막으로 인구론에 대해서도 간단하게 설명해보겠습니다. 마르크스는 억압과 이데올로기는 모든 계급독재가 공유하는 것인 반면 부르주아 국가의 역사적 특수성은 재정과 인구의 관리에 있다고 주장했는데, 이런 주장은 역시 유럽중심주의적 국가관이었다고 할 수밖에 없어요. 이미 설명한 것처럼, 중국에서는 이미 봉건제적 국가가 재정과 인구를 관리했거든요.

공자·유가와 묵자·묵가는 최대인구론을 주장한 반면 노자·도가는 최소인구론을 주장했습니다. 또 관중과 상앙은 토지와 인구의 비율에 관심을 가졌는데, 이런 입장은 송황조의 소식을 거쳐 청황조의 홍양길로 계승되었지요. 특히 홍양길은 맬서스와 거의 동시에 유사한 인구법칙을 제시했습니다. 또 기근·질병 같이 사망률을 상승시키는 '적극적 억제'(positive checks)에도 주목했는데, 다만 전쟁은 포함하지 않았어요. 반면 출생률을 하락시키는 '예방적 억제'(preventive checks)는 제시하지 않았는데, 맬서스의 만혼과 함께 밀의 피임에 주목한 사람은 아편전쟁 이후의 왕사탁이었지요.

서아시아사

중국사와 비교하기 위해 서아시아사에 대한 설명을 보충해보겠습니다. 주로 맥닐(William McNeill)의 *A World History* (Oxford University Press, 4th. ed., 1999; 국역: 이산, 2007)를 참고할 것인데, 1967년에 초판이 출판된 이 책은 *The Rise of the West: A History of the Human Community* (University of Chicago Press, 1963)의 축약본이지요. 또 그의 아들(John McNeill)이 공저한 *The Human Web: A Bird's-Eye View of World History* (Norton, 2003; 국역: 이산, 2007)도 참고하겠어요.

맥닐은 역사의 추동력으로서 전쟁과 상업·무역에 주목하는 '세계사학파'의 창시자인데, 중국사를 비롯한 동아시아사에 대해서는 서양사학계의 무지와 편견을 공유하고 있습니다. 또 1991년에 *The Rise of the West*를 복간하면서 추가한 "*The Rise of the West* after Twenty-Five Years"(1988)에서 자인한 것처럼, '전후 미국의 제국적 분위기의 표현', 즉 서양중심주의적 현대화론에서 자유롭지 못하다는 결함도 있고요.

그러나 별다른 대안이 없습니다. 고대사의 대표적 교과서인 블로와(L. de Blois)와 스펙(R. J. van der Spek)의 *An Introduction to the Ancient World* (Routledge, 1997; 국역: 다락방, 2003)는 그

리스-로마 고대사를 중심으로 서아시아 고대사를 설명하는 결함이 있거든요. 또 미에룝(Marc van de Mieroop)의 교과서인 *A History of the Ancient Near East: ca. 3000-323 BC* (Blackwell, 2004; 2nd ed., 2007; 국역: 기독교문서선교회, 2010)와 *A History of Ancient Egypt* (Blackwell, 2011)도 별로 도움은 안 되고요.

마르크스주의적 입장에서 서술된 서아시아통사는 아직 존재하지 않는 것 같습니다. 물론 1980년대에 국역된 『세계의 역사』(형성사, 1986)와 『세계의 역사』(청년사, 1990) 같은 책이 있지만요. 후자는 중국인민교육출판사의 판본을 연변교육출판사에서 국역한 것인데, 그러나 중고등학교 교과서여서 내용이 엉성하지요. 전자는 원본의 서지사항을 명시하지 않아 단정할 수는 없겠지만, 아마 소련 대학교과서의 일역본을 중역했을 것 같아요. 그러나 앞으로 설명할 것처럼, 서아시아사, 특히 로마-비잔티움사에 대한 소련사학계의 입장에는 문제가 많지요.

서아시아사는 역시 이란인이든 아랍인이든 터키인이든 서아시아인에 의해 서술되어야 하는 것입니다. 그런데 중국사와 비교할 때 서아시아사는 너무나도 복잡다단한 데다가 믿을 만한 역사가 편찬된 적도 없어요. 또 중국화된 마르크스주의에 비견할 수 있는 이란화·아랍화·터키화된 마르크스주의도 존재하지 않고요. 하기야 터키를 제외한 서아시아 전체는 여전히 이슬람을 고수하면서 부르주아 사상조차 수용하지 않거든요.

백수이의 『중국통사강요』가 가능했던 것은 이미 2000년에 걸쳐 정사를 편찬해온 유가사상이 있었기 때문입니다. 게다가 복고주의 역사관과 진화주의 역사관을 둘러싼 논쟁도 전개되었고요. 따라서 후외로가 '중국의 포이어바흐'라고 부른 명청교체기의 왕부지의 역사이론에 역사의 진화를 설명할 수 있는 보편적 인과법칙만 추가하면 되었지요. 이 때문에 1919년 5·4운동을 전후하여 유가사상에서 마르크스주의로 급속하게 이행할 수 있었던 것인데, 그것이 바로 모택동·진백달이 창도한 마르크스주의의 중국화였어요.

연전에 작고한 영국의 트로츠키주의자 하먼(Chris Harman)의 *A People's History of the World* (Bookmarks, 1999; 국역: 책갈피, 2004)의 결함에 대해서도 언급해두겠습니다. 이 책은 정치사의 관점에서 서양현대사를 서술하는 데 치중할 따름이에요. 또 아시아적 생산양식을 노예제의 아시아적 변종으로 해석하는데, 이미 설명한 것처럼, 스탈린 비판 이후 소련사학계와 대동소이한 입장이지요. 이미 1982년에 영역된 백수이의 『중국통사강요』를 인용하지 않는 것도 쉽게 이해할 수 있는 일은 아니고요.

서아시아: 원시공동체

어렵·채집으로 생활하던 유랑군집(nomad band)이 1만년 전부터 메소포타미아(티그리스강·유프라테스강 유역) 북부, 시리아·팔레스타인, 이집트, 아나톨리아(소아시아)에 정착하면서 화전원예농을 시작했습니다. 맥닐 부자는 어렵·채집과 달리 노동을 해야 하는 정착농경이 출현한 것은 인구 압력이라는 문제, 특히 많은 자녀를 양육하는 데 필요한 식량 확보라는 문제를 해결하기 위해서였다고 추정하고 있지요. 최초의 씨족공동체가 부계가 아니라 모계였다는 사실을 고려할 때 일리가 있는 가설이에요.

이 대목에서 정착농경이 출현한 다음에 인구가 급증했다는 사실을 지적해두겠습니다. 15만년 전에 동아프리카에서 출현한 호모 사피엔스는 10만년 전에 서아시아로 이주했습니다. 그 후 어렵·채집으로 생활하던 호모 사피엔스의 인구성장률은 100년당 0.71%였는데, 그나마 5만년 전에 모계씨족공동체가 출현한 직후인 3만년 전에 0.56%에서 1.25%로 상승한 덕분이었지요.

정착농경이 시작된 1만년 전부터 인구성장률은 4.33%로 상승했습니다. 그런데 5천년 전에 화전원예농에서 관개농으로 이행한 다음에도 인구성장률은 4.47%로 불변이었어요. 3천년 전부터 인구성장률이 7.62%로 상승하면서 봉건제로의 이행이 시작되었는데, 봉건제가 출현한 이후에는 0%를 유지하여 최초의 정상상태에 도달했지요. 그 결과 5천년 전부터 1천년 전까지 인구성장률은 4.14%에 불과했어요. 그러나 1천년 전부터 인구가 폭발하여 처음에는 13.46%였고, 500년 전부터 24.24%였으며, 200년 전부터 151.31%였는데, 곧 제2의 정상상태에 도달할 것이라는 예측이 많아요.

정착농경을 통해 재배된 작물은 보리였는데, 이집트와 시리아·팔레스타인에서는 밀이 재배되기도 했습니다. 또 가축은 어렵단계에서 사육되던 개에 양이 추가되었고, 곧 돼지·소도 추가되었지요. 정착농경은 전세계적으로 출현했는데, 그러나 지리적·기후적 환경에 따라 작물과 가축의 종류는 다양했습니다. 예를 들어 북중국에서는 기장과 돼지·소였고, 남중국에서는 쌀과 돼지·소였지요. 나중에 보리·밀도 전파되었고 또 양·닭도 사육되었지만요.

메소포타미아부터 시리아·팔레스타인을 거쳐 나일강 유역의 이집트까지 '비옥한 초승달지역'(Fertile Crescent)에서 노예제가 출현하면서 정착농경과 유목(nomad pastoralism)이 분리되었는데, 이것이 최초의 사회적 분업이었습니다. 서아시아 고대사에서 정착농경민은 수메르족·셈족인 반면 유목민은 힉소스족·카시테족·스키타이족·이란족·헬라스족(그리스인)·라틴족(로마인)이었지요. 또 이란족과 거의 동일한 아리아족도 있었는데, 이란은 아리아족의 땅이라는 의미의 아리아나에서 파생된 명칭이었어요. 유럽사에서는 물론 켈트족·게르만족·슬라브족이 대표적인 유목민이었고요.

메소포타미아와 이집트: 노예제

기원전 30세기에 메소포타미아 남부의 우루크(수메르족)에서 관개농이 시작되면서 문명으로의 이행이 시작되었습니다. 또 기원전 24세기에 노예제 도시국가인 사르곤왕의 아카드(셈족)가 건설되어

100년 동안 지속되었고, 기원전 21세기에 우루크를 계승한 우르(3왕조)가 건설되어 100년 동안 지속되었으며, 기원전 18세기에 함무라비왕의 바빌로니아(셈족)가 건설되어 200년 동안 지속되었지요. 우루크는 제정일치인 반면 아카드·우르·바빌로니아는 제정분리였어요. 또 아카드·우르·바빌로니아는 모두 유목민의 침입으로 멸망했지요.

이집트(셈족)에서는 기원전 26세기에 제정일치의 고왕국(3-6왕조, 피라미드시대)이 출현했습니다. 또 기원전 20세기에는 제정분리의 중왕국(11-13왕조, 파라오시대)이 건설되어 300년 동안 지속되었는데, 아카드·우르·바빌로니아에 비해 취약했지요. 그러나 나일강이 운하의 역할도 한 데다가 사막이 유목민의 침입을 저지해준 덕분에 상대적으로 안전하기도 했어요. 결국 유목민의 침입으로 멸망하기는 마찬가지였지만요.

메소포타미아 문명의 영향으로 기원전 20세기에 아나톨리아에서 제정일치의 히타이트가 출현했습니다. 그러나 관개농이 아니라 천수농을 토대로 한 것이었지요. 또 이집트 문명의 영향으로 기원전 20세기에 크레테에서 제정일치의 미노스가 출현했습니다. 그러나 농업이 아니라 무역을 토대로 한 것이었어요.

메소포타미아와 이집트의 고대사에서 획기는 기원전 17세기였는데, 전차를 발명한 유목민이 약탈전쟁을 본격화했기 때문입니다. 상왕조와 거의 일치하는 이 시기의 중국에서는 유목민의 약탈전쟁이 별로 없었다는 사실에서 메소포타미아와 이집트의 노예제가 중국의 노예제보다 더 발전하여 잉여생산물이 더 풍부했다고 추론할 수 있다는 것이 제 생각이에요.

먼저 힉소스족에 의해 이집트 중왕국이 멸망했고, 조금 이따가 카시테족에 의해 바빌로니아도 멸망했습니다. 그러나 기원전 16세기에 이집트에서 신왕국(18-20왕조)이 출현하여 처음이자 마지막으로 시리아·팔레스타인으로 진출했지요. 신왕국의 경쟁자는 히타이트였는데, 기원전 14세기에 메소포타미아 북부에서 출현한 앗시리아는 아직 신왕국이나 히타이트에 도전할 실력은 아니었어요.

기원전 12세기에 철기를 발명한 해적인 '해양민족'이 신왕국과 히타이트를 멸망시켰습니다. 그들 중 일부인 필리스틴족의 거점이 바로 팔레스타인이었는데, 기원전 19세기에 우르에서 가나안(팔레스타인)으로 이주했다가 기원전 13세기에 이집트에서 해방된 히브리인(셈족)이 기원전 11세기에 유다를 건설하기 위해 투쟁해야 했던 불레셋인이 바로 필리스틴족이었어요.

이런 와중에 앗시리아(셈족)가 흥기했는데, 메소포타미아와 이집트를 최초로 통일한 기원전 8세기가 전성기였습니다. 그러나 기원전 6세기에 바빌로니아의 반역으로 멸망했지요. 또 재건된 바빌로니아는 이란족이 창업한 아케메네스왕조의 이란에 의해 멸망했어요. 메소포타미아와 이집트를 또다시 통일한 이란은 기원전 4세기에 마케도니아에 의해 멸망했고요.

앗시리아의 멸망에는 기원전 7세기에 기마궁술을 발명한 스키타이족의 침입도 결정적이었습니다. 그러나 그들은 메소포타미아에 정착하지 않고 스텝으로 귀환했어요. 나중에 흉노족에 의해 스텝에서 축출된 스키타이족의 후예는 결국 이란을 정복하여 파르티아왕조를 창업했지요. 또 다른 기마궁사인 켈트족은 유럽으로 진출하여 그곳에 정착했고요.

마케도니아와 로마·이란

기원전 14세기에 미노스를 파괴한 해적 헬라스족(미케나이족)은 그리스에 정착했습니다. 또 그 직후에는 히타이트와의 갈등 때문에 트로이아를 공격하기도 했는데, 바로 이것이 호메로스 서사시의 소재였어요. 그러나 헬라스족은 기원전 12세기에 도리아족의 침입으로 이오니아(아나톨리아 서해안)로 축출되어 그곳에 폴리스를 건설했지요. 도리아족도 철기를 사용한 해적이었는데, 역시 해양민족의 일부였던 것 같아요.

기원전 8세기에 페니키아(레바논)의 영향을 받아 아테나이를 중심으로 그리스가 부활했는데, 이오니아의 폴리스를 수입하고 남부 이탈리아에 식민지를 건설한 것도 역시 이 시기였습니다. 이란전쟁부터 펠로폰네소스전쟁(스파르테전쟁)까지 기원전 5세기 중반의 50여년이 그리스의 전성기였지요.

헬라스계의 아테나이와 도리아계의 스파르테가 공멸하자 기원전 4세기에 변경국가 마케도니아의 필리포스왕이 그리스 본토를 정복했습니다. 또 그의 아들 알렉산드로스왕은 이란을 정복한 다음 인더스강 유역까지 진출했는데, 그러나 바빌론에 정도한 다음 왕국을 통치하기 위해 총독·조세청부업자 같은 이란의 제도를 채택했지요. 따라서 이란이 그리스화된 것이 아니라 오히려 그리스가 이란화된 셈이었어요.

알렉산드로스왕이 33세로 요절하자 그의 왕국은 안티고노스왕조의 마케도니아·그리스, 프톨레마이오스왕조의 이집트, 셀레우코스왕조의 메소포타미아·이란으로 분열되었다가 결국 로마와 이란에 의해 정복되었습니다. 프톨레마이오스왕조는 이집트의 전통을 계승한 반면 셀레우코스왕조는 이란의 전통을 계승했다는 사실에도 주목할 필요가 있고요.

기원전 6세기에 이탈리아에서 에트루리아왕국과 라티움의 중계무역도시로 출현한 로마는 기원전 3세기에 이탈리아를 통일했고 급기야 지중해의 제해권을 둘러싸고 경쟁하던 페니키아의 새로운 거점 카르타고(튀니지아)도 정복했습니다. 또 기원전 2세기에 안티고노스왕조의 마케도니아·그리스를 정복했고, 기원전 1세기에는 결국 프톨레마이오스왕조의 이집트도 정복했지요.

기원을 전후해서 귀족정(이른바 공화정)에서 군주정(이른바 제정)으로 이행한 로마의 경제는 식민지 이집트에서 수탈한 공물에 의존했습니다. 물론 지중해의 무역도 중요했고요. 달리 말해서 식민주의·중상주의가 로마경제의 특징이었다는 것이에요. 반면 이탈리아 본토에서는 농업이 쇠퇴하면서 라티푼디움, 즉 정복민을 노예로 이용하는 플란테이션이 출현했고요.

기원전 2세기에 파르티아왕조에 의해 재건된 이란은 셀레우코스왕조의 메소포타미아를 정복했습니다. 파르니족이 창업한 파르티아왕조는 분권화된 봉건제를 채택했는데, 그들은 흉노족에 의해 스텝에서 축출된 스키타이족의 후예였지요. 또 기원후 3세기에 이란족이 창업한 사산왕조는 봉건제를 집권화하면서 토지세와 인두세를 도입했어요. 그러나 로마와 비교할 때 파르티아왕조나 사산왕조에 대해서는 알려진 것이 별로 없어요.

로마가 출현하고 이란이 재건되면서 서아시아에서도 노예제에서 봉건제로의 이행이 시작되었다고 할 수 있습니다. 그러나 비슷한 시기에 중국에서 출현한 진한과 비교할 때 특히 로마의 봉건제는 식민주의·중상주의가 지배적인 불완전한 형태였지요. 또 '국내제국'(domestic/overland empire)인 중국에서는 한족이 출현한 반면 '해외제국'(overseas empire)인 로마에서는 통일된 민족이 출현하지 못했고요.

이슬람

7세기에 유목민인 아랍족의 이슬람이 흥기하여 로마와 이란 대신 서아시아를 지배했습니다. 서아시아의 지배를 둘러싼 양자의 갈등을 어부지리로 해서 메소포타미아·이집트를 정복한 것은 물론이고 동쪽으로 이란을 거쳐 인더스강 유역까지 진출했고 서쪽으로 북부 아프리카를 거쳐 스페인까지 진출했거든요. 그 결과 로마를 계승한 비잔티움은 아나톨리아와 발칸으로 축소되었지요.

그런데 우마위왕조와 압바스왕조가 통치한 이슬람에서도 봉건제가 불완전한 형태였다는 사실에 주목할 필요가 있습니다. 이란을 정복하면서 사산왕조의 영향을 받았음에도 불구하고, 역시 이집트의 공물과 지중해의 무역에 의존하는 식민주의·중상주의가 지배적이었고, 또 메소포타미아에서도 흑인 노예를 이용하는 면화·

사탕수수 플란테이션을 도입했거든요. 중국에서 당황조가 한황조를 재건한 것처럼, 이슬람도 로마를 재건한 셈이었어요. 또 로마처럼 이슬람에서도 통일된 민족이 존재하지는 못했고요.

이슬람은 9세기에 투르크족 출신의 맘루크(노예군인)가 득세하면서 10세기에 사분오열되었는데, 이런 측면에서도 절도사의 할거로 쇠퇴한 당황조와 유사했습니다. 11세기에 셀주크투르크가 흥기하면서 재통일된 이슬람은 그러나 13세기에 이집트를 제외하고 대부분이 몽골족의 일칸국에 의해 정복되었지요. 16세기에 이슬람을 재건한 것은 14세기에 아나톨리아에서 흥기하여 15세기에 비잔티움을 정복한 오스만투르크의 오스만왕조였는데, 거의 동시에 이란에서는 이란족이 사파위왕조를 창업했고 인도에서는 티무르의 후예가 무굴왕조를 창업했어요.

오스만왕조까지 지속된 이슬람의 노예무역에 대한 설명을 보충해두겠습니다. 로마의 정복전쟁과 달리 이슬람은 무역을 통해 노예를 조달했는데, 노예(slave)의 어원이 된 슬라브족은 성노예(후궁·첩)로 이용했고, 투르크족은 이슬람 쇠퇴의 원인인 된 맘루크로 이용했으며, 아메리카 노예무역으로 계승된 블랙아프리카의 흑인은 노동자로 이용했지요.

인도

인도사에 대한 설명도 간단하게나마 보충해두겠습니다. 기원전 25세기에 인도 북서부의 인더스강 유역에서 드라비다족이 모헨조다로 문명(하류)과 하라파 문명(상류)을 건설했지요. 그러나 기원전 15세기에 유목민인 아리아족이 파괴한 인더스 문명의 실체에 대해서는 알려진 것이 별로 없어요.

드라비다족을 남인도로 축출한 다음 아리아족은 기원전 7세기에 북동부의 갠지스강 유역에서 새로운 문명을 건설했는데, 그 특징은 힌두교(브라흐만교)와 카스트제도였습니다. 힌두교는 혈농에 따라 직업과 신분을 세습하는 카스트제도를 정당화했는데, 수백·수천 개의 카스트를 브라흐마나(사제)·크샤트리아(전사)·바이샤(농민)·수드라(노예)라는 네 개의 바르다로 분류했지요. 기원전 6세기에 출현한 불교는 힌두교와 카스트제도를 개혁하려는 시도였어요.

마케도니아가 인더스강 유역으로 진출한 기원전 4세기에 갠지스강 유역에는 노예제 도시국가 중 하나인 마가다가 존재했습니다. 마가다는 이란의 아케메네스왕조를 모방한 마우리야왕조로 발전했는데, 기원전 3세기에 아쇼카왕이 인도를 최초로 통일했지요. 그러나 아쇼카왕이 사망한 다음 마우리야왕조는 사분오열하다가 곧 멸망하고 말았어요.

그 후 무굴왕조가 출현할 때까지 인도는 통일된 적이 없습니다. 단지 북인도에서 기원전 2세기에 파르니족과 유사한 유목민이 쿠샤나왕조를 창업했고, 기원후 4세기에 마가다계 토착민이 굽타왕조를 창업했을 따름이거든요. 쿠샤나왕조는 마우리야왕조의 소승불교를 대체하는 대승불교를 국교로 채택했고, 굽타왕조는 힌두교를 부활시켰어요. 그러나 파르티아왕조나 사산왕조와 달리 쿠샤나왕조나 굽타왕조에서는 봉건제가 출현하지 못했다는 사실에 주목할 필요가 있지요.

서아시아의 기축시대

서아시아에서 노예제가 봉건제로 이행하는 계기는 마케도니아를 계승한 로마와 이란의 출현이었습니다. 그런데 이미 지적한 것처럼, 진한과 비교할 때 특히 로마의 봉건제는 식민주의·중상주의가 지배하는 불완전한 형태였지요. 이렇게 봉건제가 불완전할 수밖에 없었다는 사실은 중국의 춘추전국시대와 구별되는 서아시아 기축시대의 특수성과 관련된다는 것이 제 생각이에요.

베버의 정치사회학과 야스퍼스의 역사철학에서 도출된 기축시대(Achsenzeit, Axial Age) 개념을 고대사에 최초로 적용한 사람은 이스라엘의 역사사회학자 에이젠슈타트(Shmuel Eisenstadt)였습니다. 이런 시도를 둘러싼 논쟁은 그가 편집한 *The Origins and Diversity of Axial Age Civilizations* (State University of New York Press, 1986)와 *Axial Civilizations and World History* (Brill, 2005)를 참고하세요.

에이젠슈타트는 서아시아와 중국의 기축시대가 모두 보편종교(세계종교)와 철학으로 귀결되었다고 주장했습니다. 그러나 그의 주장은 유가를 비롯한 제자백가의 사상을 계시종교로서 유다교·기독교나 플라톤·아리스토텔레스의 철학과 혼동하는 결함이 있었지요. 이미 설명한 것처럼, 백가쟁명에서는 경세학과 사학이 가장 중요한 쟁점이었거든요. 게다가 서아시아의 기축시대는 메소포타미아와 이집트가 아니라 그 주변에서 전개되었고요.

에이젠슈타트에 대한 비판을 간단하게 제시해보겠습니다. 기축시대 이후 동서양사상사에 대한 시론적 설명은 『일반화된 마르크스주의의 경계들』(공감, 2007)에 실린 「중국사상사 개관」(불교사 포함)과 「기독교사 개관」(유다교·이슬람의 역사 포함), 『헤겔과 일반화된 마르크스주의』(공감, 2007)에 실린 「서양철학사 개관」, 『일반화된 마르크스주의와 대안좌파』(공감, 2008)에 실린 「마르크스의 '경제학 비판'과 경제학설사」 같은 연구노트를 참고하세요.

먼저 다신교적 자연종교를 지양하는 일신교적 계시종교가 출현했는데, 기원전 6세기에 출현한 이란의 자라투스트라(조로아스터)교와 바빌로니아에서 포로생활을 하던 중 그것을 비판적으로 수용한 히브리인의 유다교가 대표적이었습니다. 기원을 전후하여 출현한 기독교는 유다교를 개혁하려는 시도였고, 7세기에 출현한 이슬람은 유다교와 기독교를 대체하려는 시도였지요.

또 아테나이가 쇠퇴하기 시작한 기원전 4세기에 그리스에서 철학이 출현했습니다. 그리스철학을 집대성한 사람이 바로 아리스토텔레스였는데, 그는 플라톤이 창시한 존재론과 논리학을 완성하는 동시에 소크라테스가 창시한 윤리학도 완성했지요. 그런데 알렉산드로스가 그의 스승인 아리스토텔레스의 영향을 받았다는 증거는 별로 없어요. 이미 지적한 것처럼, 그는 이란의 전통에 심취했다고 할 수밖에 없거든요.

유가사상과 달리 그리스철학은 경세학이 아니었습니다. 아리스토텔레스는 경제론(*oikonomia*)과 화식론(貨殖論, *chrematistike*)을 준별했는데, 사용가치를 대상으로 한 전자는 노예소유주의 가구를 관리하는 방법인 반면 교환가치를 대상으로 한 후자가 마르크스가 주목한 바 있는 경제학(political/national economy, economics)의 효시였지요. 물론 아리스토텔레스의 주요한 관심사는 화식론이 아니라 경제론이었고요.

중세유럽에서 그리스철학이 경세학으로 발전한 것도 아니었는데, 오히려 '종교의 시녀', 특히 기독교를 정당화하는 신학이라는 형태로 존속할 수 있었을 따름입니다. 플라톤의 철학은 아우구스티누스의 교부철학으로 변모했고, 아리스토텔레스의 철학은 토마스 아퀴나스의 스콜라철학으로 변모했거든요.

철학이 출현하기 직전에는 그리스에도 역사학이 존재했다는 사실을 지적해두겠습니다. 그런데 그것은 아직 문학에서 분리되지 못한 사건사로서 전쟁사였을 따름이에요. 그리스문학을 대표한 것은 물론 호메로스의 서사시에서 유래한 소포클레스의 비극시였고요. 그리스문학 이후 서양문학사와 음악사에 대한 개관은 이미 인용한 『문학 비판』을 참고하세요.

호메로스의 서사시의 전통을 계승한 헤로도토스의 역사학은 이란전쟁사였고, 소포클레스의 비극시의 전통을 계승한 투키디데스의 역사학은 펠로폰네소스전쟁사였습니다. 그래서 아리스토텔레스가 보편적 인과법칙에 대한 합리적 지식인 과학(*scientia*)과 사건에 대한 경험적 지식인 역사학(*historia*)을 준별할 필요성을 강조했던 것이지요.

이런 전통은 역사소설로 계승되었습니다. 그런데 루카치처럼 역사과학과 구별되는 역사소설의 고유한 기능에 주목할 수도 있지요. 일상생활의 '실망'(Aussichtslosigkeit, 전망의 상실)으로부터 고양된 주인공이 헤겔이 말한 것처럼 '(자기)보존적 개인'(erhaltendes Individuum)에서 '세계사적 개인'(welthistorisches Individuum)으로 변모할 수도 있거든요. 이런 주인공이 바로 '비극적 영웅'이에요.

마지막으로 기축시대의 이런 특수성이 유럽에서 계몽주의가 출현한 계기가 되었다는 역사의 아이러니에 주목할 수 있습니다. 시대착오적으로 그리스를 모방하던 르네상스에 대한 대안을 모색한 '고대인과 현대인의 논쟁'(Querelle des Anciens et des Modernes)을 통해 제2의 기축시대로서 계몽주의가 출현했거든요. 그 계기는 물론 뉴튼이 발견한 보편적 인과법칙으로서 중력의 법칙과 그것의 수학적 표현인 동역학(dynamics)이었고요.

로크에게서 유래하는 계몽주의는 뉴튼의 동역학을 자연에서 사회로 확대하려고 시도했습니다. 그 최초의 성과가 바로 스미스와 리카도의 경제학이었는데, 그러나 초역사적·몰역사적이라는 결함이 있었지요. 반면 마르크스는 경제학 비판을 통해 역사과학을 정초하는 동시에 역사동역학(historical dynamics)을 제시했고요.

계몽주의 역사관을 계승하는 경제학에도 어렵·채집사회가 농업사회를 거쳐 상업사회로 진화했다는 도식이 존재했습니다. 그러나 그런 진화과정을 역사적으로 특수한 생산양식·사회구성체가 아니라 교환성향이라는 초역사적·몰역사적 원인으로 설명하는 결함이 있었지요. 아까 호기창을 소개하면서 언급한 바 있는 힉스는 이런 역사관을 체계화하려고 시도했어요.

서양사학사에 대해서는 Ernst Breisach, *Historiography: Ancient, Medieval, and Modern* (University of Chicago Press, 1983; 3rd ed., 2007)을 참고할 수 있는데, 물론 현대사학사가 위주입니다. 또 Georg Iggers and Q. Edward Wang (with Supriya Mukherjee), *A Global History of Modern Historiography* (Pearson, 2008)도 참고할 수 있는데, 현대 이후 서양사학사와 동양사학사를 비교·설명하고 있지요.

로마와 비잔티움: 봉건제

서아시아에서 봉건제의 불완전성을 설명하기 위해 로마와 비잔티움의 역사에 대해 좀 더 주목할 필요가 있습니다. 블로와와 스펙의 *An Introduction to the Ancient World*와 유고슬라비아 사학자 오스트로고르스키(Georg Ostrogorsky)의 고전적 비잔티움사 *Byzantinische Geschichte, 324-1453* (C. H. Beck', 1965; 국역: 까치, 1999)을 참고하겠어요.

오스트로고르스키는 로마의 노예제를 계승한 비잔티움이 유럽처럼 11세기에 봉건제로 이행했다고 주장했는데, 이것이 소련사학계도 수용한 통설이었습니다. 그러나 로마와 비잔티움을 노예제로 인식할 수는 없는데, 이 대목에서 아민의 공납제적 생산양식 개념을 원용하여 비잔티움사를 분석한 영국 출신의 미국 마르크스주의 경제사학자 홀던(John Haldon)의 *The State and the Tributary Mode of Production* (Verso, 1994)을 참고할 필요가 있지요.

먼저 로마에서는 왕위 계승이 안정된 적이 없었다는 사실에 주목할 필요가 있습니다. 카이사르의 누이의 손자이자 그의 양자이기도 한 아우구스투스는 자신도 아들이 없어서 양자 결연을 통해 왕위를 승계했는데, 그나마 그의 왕조는 100년밖에 지속되지 못했어요. 그 이후의 왕조에서도 양자 결연을 통해 왕위를 승계하는 이런 전통이 지속되다가 3세기에 이른바 '군인황제시대'라는 대혼란기가 출현했고요.

사실 로마의 황제를 가리키는 프린켑스(*princeps*)라는 단어는 제1시민, 즉 '시민 중의 시민'이라는 의미였을 따름입니다. 또 임페라토르(*imperator*)라는 단어는 사령관이라는 의미였을 따름이고요. 그래서 로마의 제정을 가리키는 프린키파투스(*principatus*)라는 단어를 원수정이라고 번역하는 것이에요. 이렇게 황제는 불완전한 군주였고, 제정도 불완전한 군주정이었다는 사실은 역시 봉건제의 불완전성이라는 현실을 반영했다고 할 수밖에 없겠지요.

로마가 출현하기 이전에 남부 이탈리아는 그리스인의 식민지였고, 중북부 이탈리아는 아나톨리아에서 이주한 에트루스키족이 건설한 에트루리아왕국이었습니다. 기원전 7-6세기가 전성기였던 에트루리아왕국은 켈트족의 일부인 골족이 남부 프랑스에서 북부 이탈리아로 진출하면서 쇠퇴하기 시작했지요.

기원전 6세기에 로마는 에트루리아왕국과 그 남쪽의 라티움을 중계하던 무역도시로 발전했습니다. 기원전 5세기에 에트루리아왕국이 쇠퇴하면서 귀족정으로 이행한 로마는 기원전 4세기에 라티움을 지배했고 기원전 3세기에 이탈리아를 통일했지요. 또 이탈리아를 통일한 직후에는 두 차례의 포이니전쟁(페니키아전쟁)을 통해 카르타고를 정복했고요.

이렇게 로마가 흥기할 수 있었던 것은 아테나이를 모방하여 농민을 중장보병으로 동원하면서 팔랑크스(*phalanx*, 밀집방진)를 활용했기 때문입니다. 그러나 솔론의 개혁을 통해 농민의 참정권을 보장한 아테나이와 달리 로마는 농민의 참정권을 보장할 필요가 없었지요. 대내외적 확장을 통해 농민의 정치적 불만을 경제적으로 해소할 수 있었거든요.

카르타고를 정복하고 나서 로마의 대외확장은 가속화되어 기원전 2세기에 마케도니아·그리스를 정복했고, 기원전 1세기에는 결국 이집트를 정복했습니다. 로마는 이집트에 황제직할속주(*fiscus*)를 설치하고 이란의 전통에 따라 총독과 조세청부업자(*publicani*, tax-farmer)를 파견했는데, 쉽게 말해서 이집트를 식민지로 경영했다는 것이에요. 또 식민지 경영에 필요한 프톨레마이오스왕조의 제도를 보존하기도 했고요.

이집트에서 공물을 수탈한 결과 이탈리아에서는 토지세인 트리부툼(*tributum*)이 폐지될 수 있었습니다. 로마에서 라티움을 거쳐 이탈리아로 확대된 로마시민권의 핵심은 바로 면세권이었어요. 또 이탈리아에서는 곡물을 경작하는 대신 포도·올리브·과일 같은 상업작물을 재배했고, 정복민을 노예로 이용하는 라티푼디움이 출현했지요. 가축을 사육하기 위한 목장도 확대되었고요.

오스트리아 출신의 미국 경제사학자 샤이델(Walter Scheidel)이 편집한 *Rome and China: Comparative Perspectives on Ancient World Empires* (Oxford University Press, 2009)를 참고하면서 로마와 진한을 비교해볼 수 있습니다. 그는 동서양의 역사가 진한과 로마까지 수렴하다가 그 후 발산했다고 주장하고 있거든요.

샤이델의 주장은 18세기까지는 유럽이 수당송원 이후 봉건제를 재건한 중국을 추격·추월하지 못했다는 미국의 경제사학자 포머랜츠(캘리포니아 학파)의 주장과 친화성을 갖는 것입니다. 양자의 주장의 종합은 중국 출신의 미국 경제사학자 왕국빈(R. Bin Wong)이 로젠탈(Jean-Laurent Rosenthal)과 공저한 *Before and Beyond Divergence: The Politics of Economic Change in China and Europe* (Harvard University Press, 2011)을 참고하세요.

방금 지적한 것처럼, 로마의 봉건제에서 조세 겸 지대는 이집트에 집중된 반면 이탈리아에서는 면제되었습니다. 더군다나 이집트는 황제직할속주였으므로, 피스크(*fisc*)는 국고이자 내탕금을 의미했고요. 황제가 무단통치의 대가로 로마시민에게 제공한 '빵과 서커스'(bread and circuses)의 재원도 역시 피스크였어요.

로마의 황제는 진정한 의미에서 군주가 아니라고 했는데, 그 기원은 마케도니아·그리스 정복과 이집트 정복 사이에서 전개된 내전기에 출현한 장군 출신의 인민주의자(*populares*) 마리우스였고, 그를 계승한 사람이 바로 카이사르와 아우구스투스였습니다. 황제는 이집트를 정복하여 그 공물로 면세 혜택과 함께 식량·오락을 시민에게 제공한 인민주의적 장군이었을 따름이에요.

또 서양법의 기원인 로마법은 입법(legislation)을 통해 제정된 공법(형법을 포함한 행정법)이 아니라 사법(司法, jurisdiction, 재판)을 통해 발전한 사법(私法, 민법)이었다는 사실에도 주목할 필요가 있습니다. 현대 이전의 서양에서 국가의 본질과 기능에 대한 법적 규정, 즉 헌법(constitution)이 부재한 것은 이 때문이었지요.

로마에는 봉건제에 적합한 이데올로기도 역시 부재했습니다. 여전히 자연종교적 다신교가 지배적인 상황에서 헬레니즘, 즉 그리스의 철학과 문학이 존재하기는 했지만요. 그러나 헬레니즘은 국가를 관리하기 위해 필요한 이데올로기가 아니라 엘리트적 취미와 대중적 취미의 '구별짓기'(distinction)에 필요한 이데올로기였을 따름이라고 할 수밖에 없어요.

마르크스주의적이든 부르주아적이든 국가론의 핵심은 재정학에 있다는 사실을 또다시 강조해두겠습니다. 국가는 본질적으로 조세국가(tax state), 좀 더 일반적으로 말해서 재정국가(fiscal state)일 수밖에 없다는 것인데, 이런 관점에서 볼 때 로마의 직영지국가(domain/demesne state)는 불완전한 국가였다고 할 수밖에 없지요. 중세 유럽의 국가는 물론 국가라고 부르기에 민망했고요.

직영지국가에서 재정국가로의 이행이 유럽에서 전개된 부르주아 혁명의 핵심이었습니다. 그런데 최초의 재정은 소비세로 조달되었고 때로는 국채로 보충되었지요. 봉건제적 조세로서 재산세(토지세)를 대체하는 자본주의적 조세로서 소득세를 최초로 도입한 것은 2차 세계진쟁 중의 미국이었어요. 또 소득세와 징병제를 결합함으로써 비로소 임금노동자에게도 투표권(suffrage, 선거권/피선거권)을 허용하는 대표제가 정착될 수 있었던 것이고요.

3세기의 군인황제시대에 이탈리아경제가 붕괴하면서 로마의 중심은 점차 동부로 이동했습니다. 또 3세기 말에 디오클레티아누스가 이탈리아에서 시작한 봉건제의 개혁을 4세기 초에 콘스탄티누스가 동부로 확대했고요. 개혁의 핵심은 콜로누스(*colonus*, 농노)와 동시에 토지세·인두세를 도입한다는 데 있었습니다. 그러나 상앙의 변법처럼 경전일치를 추구하지는 않았어요. 총독제를 유지하면서 북부 독일과 스칸디나비아에서 이주한 게르만족과 그리스와 발칸의 일리아족을 용병으로 채용했거든요.

또 기독교를 금지한 디오클레티아누스와 달리 콘스탄티누스는 기독교를 허용하면서 자신도 기독교로 개종했다는 사실에 주목할 필요가 있습니다. 직후에 테오도시우스가 기독교를 국교로 격상시켰고요. 물론 기독교도 불교나 이슬람처럼 봉건제에 적합한 이데올로기는 아니었지만요.

어쨌든 이런 개혁도 로마의 쇠퇴를 저지할 수는 없었습니다. 5세기에 사산왕조의 이란이 도전해온 데다가 게르만족이 변경으로 대거 이동해왔거든요. 결국 서부를 포기하고 동부만을 유지한다는 것이 이런 위기의 유일한 해결책이었지요. 6세기에 유스티니아누스가 이탈리아의 동고트족, 스페인의 서고트족, 카르타고의 반달족으로부터 고토를 회복했는데, 그러나 슬라브족이 발칸을 정복하면서 그의 시대착오적 복고주의는 무산되었고, 300년만에 로마에서 비잔티움으로의 이행이 완료되었지요.

7세기에 이슬람이 흥기하면서 아나톨리아와 발칸으로 축소된 로마가 바로 비잔티움이었습니다. 홀던의 추계에 따르면, 로마와 비교할 때 비잔티움의 영토는 1/3에 불과했고 경제력은 1/4에 불과했지요. 그러나 바로 이것이 전화위복이 되어 비잔티움에서 봉건제가 완성되었다는 것이 그의 주장이에요.

먼저 헤라클레이오스왕조가 디오클레티아누스-콘스탄티누스의 개혁을 완성했는데, 핵심은 이란으로부터 아나톨리아를 방어하기 위해 총독과 용병을 테마(*thema*)로 대체한 것이었습니다. 나중에는 슬라브족을 축출하기 위해 발칸에서도 도입했고요. 중국과 비교하자면, 콜로누스제도는 균전제와 유사한 것이었고, 테마제도는 부병제와 유사한 것이었지요. 따라서 비잔티움은 북조나 수당과 유사한 봉건제를 도입했던 셈이에요.

비잔티움에서는 왕조의 교체가 빈번하여 850년 동안 아홉 왕조가 출현했습니다. 100년 동안 지속된 헤라클레이오스왕조 이후 150년 동안 두 왕조가 출현했는데, 이 시기에는 이슬람의 영향을 받은 성상파괴운동 때문에 내분이 극심했지요. 이렇게 비잔티움이 약화되면서 유럽에서 샤를 마뉴가 봉토봉건제를 토대로 하는 프랑크왕국의 건설을 시도할 수 있었다는 사실도 지적해두겠어요.

9세기에 내분을 수습한 마케도니아왕조가 200년 동안 지속된 비잔티움의 전성기였습니다. 또 이 시기에는 로마-비잔티움 역사상 최초로 무단통치가 아니라 문치가 실시되기도 했지요. 물론 중국의 과거제·관료제 같은 학력주의·능력주의를 도입한 것은 아니었는데, 통치이데올로기는 여전히 기독교였거든요.

그러나 11세기부터 셀주크투르크가 흥기하면서 아나톨리아에서 토지겸병이 진행되어 결국 콜로누스제도와 테마제도가 해체되었습니다. 이미 지적한 것처럼, 오스트로고르스키와 소련사학계는 이것을 계기로 비잔티움이 노예제에서 봉건제로 이행했다고 주장하는데, 홀던이 비판하는 것처럼, 이런 통설에는 문제가 많아요. 콜로누스제도와 테마제도의 해체는 봉건제로의 이행이 아니라 오히려 봉건제의 쇠퇴였다고 해석할 수 있거든요.

그 후 수도권의 문관세력과 아나톨리아의 무관세력 사이에 갈등이 전개되면서 150년 동안 세 왕조가 명멸했습니다. 또 셀주크투르크에 대항한 십자군운동의 와중에는 50년 동안 라틴왕국에게 점령당하여 아나톨리아에서 망명왕조로 연명하기도 했고요. 그 후 몽골족 일칸국의 침입으로 아나톨리아를 포기하는 대신 발칸을 부분적으로 수복한 것이 200년 동안 지속된 팔라이올로고스왕조였습니다. 그러나 마지막 100년은 오스만왕조의 봉국이었어요.

홀던은 콜로누스제도와 테마제도를 토대로 한 '비잔티움 모델'을 표준으로 오스만왕조의 이슬람과 무굴왕조의 인도도 설명하고 있습니다. 이슬람을 재건한 오스만왕조는 비잔티움의 봉건제도 계승했지요. 그러나 로마-이슬람의 전통에 따라 총독과 조세청부업자도 부활시켰어요. 또 용병도 부활시켰고요. 반면 인도를 두 번째로 통일한 무굴왕조는 봉건제를 이식하는 데 실패했는데, 힌두교와 카스트제도의 저항 때문이었지요. 홀던이 언급하지 않는 사파위왕조의 이란은 중간적이었던 것 같고요. 어쨌든 봉건제라는 측면에서는 아나톨리아와 발칸으로 축소된 비잔티움이 오히려 이슬람보다 선진적이었다는 것이 그의 주장이에요.

한국사

이제까지 중국사를 비롯해 서아시아사나 로마-비잔티움사에 대해 설명한 것은 물론 한국사에 대한 관심 때문이었습니다. 한국통사로는 마르크스주의적 입장에서 서술된 한국역사연구회의 『한국역사 입문』(3권, 풀빛, 1995-96)의 축약본인 『한국역사』(역사비평사, 1992)가 있어요. 『한국역사』는 『한국사강의』(한울, 1989)를 대체한 것인데, 후자는 계급투쟁과 민족해방운동에 주목하는 반면 전자는 생산양식과 사회구성체에 주목하지요.

『한국역사』는 남한에서 마르크스주의의 복원을 시도한 1980년대 한국사회성격 논쟁과 친화성을 갖는 한국사회사 논쟁의 맥락에서 한국사학을 전공한 대학원생들이 당시까지의 연구성과를 정리한 것이었습니다. 그런데 한국역사연구회가 개정판을 준비하고 있는 것 같지는 않아요. 구체적인 사정은 잘 모르겠으나, 1990년대 이후 마르크스주의의 위기가 심화되면서 사회성격 논쟁이나 사회사 논쟁의 성과도 흐지부지된 현실과 무관하지는 않겠지요.

따라서 서울대학교 국사학과 한영우 교수가 집필한 『다시 찾는 우리 역사』(3권, 경세원, 1997; 개정판, 2004)의 축약본인 『간추린 한국사』(일지사, 2011) 같은 최신의 한국통사를 참고할 필요가 있습니다. 또 한영우 교수 등이 집필한 『시민을 위한 한국역사』(창작과비평사, 1997)도 참고할 수 있는데, 이것은 외국인을 위한 한국통사이지요.

한국사학사

한국역사연구회의 『한국역사』와 한영우 교수의 『간추린 한국사』의 의의를 설명하기 위해서는 한국사학사에 대해 간단하게나마 정리해둘 필요가 있습니다. 한국사학사의 대표작은 역시 한영우 교수의 『역사학의 역사』(지식산업사, 2002)이지요. 또 금오공대 인문사회과학부 박인호 교수의 『한국사학사 대요(大要)』(이회문화사, 1996; 3판, 2001)도 참고할 수 있고요.

『한국역사』의 준비작업으로 『한국중세사회 해체기의 제문제: 조선후기사 연구의 현황과 과제』(한울, 1987)를 정리한 바 있는 한국역사연구회는 한국사학사에 대한 입장을 제시한 적이 없습니다. 20세기 한국사학사에 대한 입장은 『한국역사』 편찬위원장인 한신대학교 한국사학과 이세영 교수의 『한국사 연구와 과학성』(청년사, 1997)을 참고할 수 있지만요.

한영우 교수는 삼국시대 이후의 한국사학사를 정리하고 있는데, 물론 개항기부터 일제강점기까지의 사학사와 해방·분단정국부터 1990년대까지의 사학사가 중심입니다. 한국사학계 주류의 연원을 해명하는 것이 그의 목적이거든요. 한 교수는 중국과 서양의 사학사에 대해서도 1/4 정도의 지면을 할애하고 있는데, 그러나 사족 같다는 것이 제 생각이에요.

한국사에서 사관수사(史館修史)의 전통은 고려왕조에 의해 확립되었습니다. 삼국시대에 편찬된 각국사는 실전되었고요. 그런데 고려왕조가 편찬한 정사는 삼국의 정통성을 둘러싼 논쟁, 즉 신라주의와 고구려주의의 논쟁을 해결하지 못했어요. 게다가 이런 논쟁은 조선왕조는 물론이고 심지어 일제강점기까지 지속되었고요.

기전체 정사의 효시는 고려왕조 광종 때 편찬된 『삼국사』였는데, 실전되었습니다. 또 광종 때부터 실록도 편찬되었고요. 『삼국사』는 고조선과 발해에 주목하면서 고구려주의를 복권시켰다는 특징이 있는데, 아마도 광종이 요황조와 경쟁하면서 칭제(稱帝)한 사실과 관련되겠지요.

『삼국사』를 대체한 새로운 기전체 정사는 신라주의를 부활시킨 『삼국사기』였습니다. 『삼국사』는 금황조와의 대결을 지향한 묘청의 입장을 정당화한 반면 『삼국사기』는 그를 토벌한 김부식의 입장을 정당화한 것이었지요. 김부식은 사마광의 영향을 받았는데, 물론 묘청이 왕안석의 영향을 받았다는 것은 아니에요. 그는 풍수도참설이라는 미신을 신봉한 승려였을 따름이거든요.

그러나 원황조와의 대결을 지향한 무신정권은 또다시 고구려주의를 주장했습니다. 또 불교를 존숭하는 입장에서 『팔만대장경』을 간행하기도 했고요. 나아가 원간섭기에 승려 일연은 고조선과 발해는 물론이고 말갈까지 포함한 『삼국유사(遺事)』를 사찬하기도 했는데, 특히 건국과 관련된 신이(神異, 신비한 이적, 즉 기적)한 이야기, 즉 신화와 전설을 집대성했지요.

고조선-한사군·삼한-삼국-통일신라-고려를 대상으로 한 최초의 편년체 통사는 조선왕조 성종 때 서거정이 편찬한 『동국통감』이었습니다. 사마광의 『자치통감』에 비견할 수 있는 『동국통감』은 신라주의와 고구려주의를 절충한 신숙주의 『삼국사절요』를 계승한 것이었지요. 또 정인지의 신권주의적 기전체 정사 『고려사』와 세종의 왕권주의적 『용비어천가』를 절충한 김종서의 『고려사절요』를 계승한 것이기도 했고요. 절요(節要)는 개요라는 의미였어요.

중종 때 박상은 서거정의 『동국통감』을 1/10로 축약한 『동국사략(略)』을 사찬했는데, 삼국까지는 소략했고 통일신라부터는 상세했습니다. 그는 김부식처럼 고구려주의를 폐기하면서 신라주의를 채택했지요. 또 정도전이 아니라 정몽주를 중심으로 사림(士林, 사대부집단)의 계보를 정리했고요. 나중에 붕당정치에서 이이·성혼·

송익필과 윤근수의 학통을 계승한 서인의 역사관은 『동국사략』으로 소급되는 것이었어요.

왜란 직후에 한백겸은 최초의 역사지리전문사인 『동국지리지』에서 만주의 고조선과 한반도의 삼한이 병존했다는 주장을 제기했습니다. 고구려는 고조선을 계승한 반면 백제·가야·신라는 각각 마한·변한·진한을 계승했다는 북자북남자남(北自北南自南)설을 주장한 것이었지요. 그 자신은 고구려주의를 주장하면서 고조선에 주목했지만요.

그러나 호란 직후에 서인이 청황조에 대한 사대를 거부하고 조선중화주의를 창도하면서 또다시 신라주의가 강조되었습니다. 유계가 고려와 요금원의 관계를 중심으로 『여사제강』을 사찬했거든요. 제강(提綱)은 강목(綱目)과 동일한 의미였는데, 사마광의 『자치통감』을 토대로 주희와 그의 제자 조사연이 편찬한 『자치통감강목』에서 유래한 것이었지요. 주희·조사연은 『춘추』의 경(經)과 전(傳)처럼 강과 목을 구별하면서 특히 정통론의 관점을 강조했어요.

그런데 이런 입장은 서인에게만 고유한 것이 아니었습니다. 이황의 수제자는 김성일·유성룡·정구였는데, 김성일·유성룡의 학통을 계승한 영남남인과 정구의 학통을 계승하여 조선왕조의 실학을 창도한 기호남인도 서인과 거의 동일한 입장이었거든요. 먼저 영남남인 홍여하는 신라 중심으로 고려 이전의 역사를 정리한 『동국통감제강』을 사찬했습니다. 그 후 기호남인 이익은 고조선-한(마한)-삼국-통일신라-고려라는 계보를 제시했는데, 이런 관점에서 그의 제자 안정복이 사찬한 『동사강목』이 주희·조사연의 『자치통감강목』에 비견되는 강목체 통사였어요.

기호남인의 마지막 대표자이자 실학을 집대성한 정약용은 『아방강역고』에서 한백겸의 북자북남자남설을 계승하여 고조선과 한(마한)이 병존했다고 주장하는 동시에 한백겸과는 반대로 고조선보다 오히려 한(마한)이 발전한 사회였다고 주장했습니다. 또 국내성에서 평양으로 천도한 이후에 고구려가 쇠퇴한 것은 상무(尙武)

정신이 해이해진 탓이라고 주장하기도 했는데, 얼마간 모순적이라는 생각이 들 수밖에 없는 대목이지요.

물론 기호남인 중에서는 고구려주의를 주장한 사람도 있었습니다. 대표적인 경우가 유득공이었는데, 그는 『발해고(考)』에서 신라의 삼국통일을 부정하고 신라와 발해가 병존하는 남북국시대라는 관점을 제시했지요. 그런데 그는 발해를 건국한 대조영이 속말부 출신의 고구려 유민이라고 주장하기도 했어요.

마지막으로 기호남인 한치윤이 『해동역사』를 사찬했다는 사실도 지적해두겠습니다. 이것은 영조 때 관찬된 최초의 정서체(政書體) 통사인 『동국문헌비고』와 함께 중국·일본의 사서를 토대로 한 고려왕조까지의 기전체 통사였지요. 청황조 마숙에게서 차용한 역사(繹史)는 역사에 대한 고증이라는 의미였고요. 또 이이의 친구인 성혼의 학통을 계승한 소론(서인의 이단) 이긍익은 『연려실기술(記述)』을 사찬했는데, 이것은 기사본말체를 기전체로 보충한 조선왕조의 야사였어요.

현대사학이 출현한 것은 물론 일제강점기에 식민사관과 대결하면서부터였습니다. 식민사관은 18세기에 일본에서 전개된 국학운동의 역사관, 즉 왜란 직후인 17세기에 조선·중국에서 수입한 신유학에 대한 반작용으로 출현한 『일본서기』 중심의 황국사관으로 소급하는 것이었지요. 명치유신 이후 동경제국대학에서 출현한 식민사관은 한일강제병합 이후에는 경성제국대학과 조선사편수회에서 발전하여 1930년대에 편찬된 『조선사』로 완성되었어요.

식민사관에는 일선동조론(日鮮同祖論)과 만선동조론(滿鮮同祖論), 유교망국론과 당쟁망국론이 포함되었습니다. 그러나 식민사관의 핵심은 역시 봉건제결여론과 조선정체론이었어요. 이것은 독일역사학파의 후예인 동경고등상업학교(동경상과대학) 경제학교수 후쿠다(福田德三)가 제기한 주장이었는데, 유럽·일본 같은 봉건제가 결여되어 조선이 정체할 수밖에 없었다는 것이었지요.

민지 식민사관의 비판이라는 맥락에서 신라주의와 고구려주의의 논쟁이 지속되었다는 사실에 주목할 필요가 있습니다. 신숙주의 후손인 신채호는 강제병합 직전에 애국계몽주의가 수입한 강유위·양계초의 사회진화론을 수용하면서도 독일의 낭만주의적 민족주의를 채택하여 정신적 유기체로서 국수(國粹, 민족정기)라는 민족(Volk) 개념을 고수했지요.

신채호는 신라주의를 비판하고 고구려주의를 복권시키기 위해 한국사를 만주의 부여족이라는 주족(主族)과 한반도의 한족이라는 객족(客族)의 투쟁으로 서술했습니다. 그러나 1910년대에 대종교(大倧敎, 단군교)를 수용하면서 배달겨레(단군족)에 예맥족(부여족)뿐만 아니라 한족과 말갈족도 포함했지요. 유독 왜(倭)만 배제한 것은 식민사관의 일선동조론, 즉 일본족과 조선족의 조상이 동일했다는 주장 때문이었는데, 이제는 왜를 객족으로 치부한 셈이었어요. 그러나 식민사관에는 만선동조론, 즉 만주족(말갈족)과 조선족의 조상이 동일했다는 주장도 있었으므로, 그의 비판은 정곡을 찌르지 못한 것이었지요.

1920년대에 아나키즘으로 전향한 다음에도 신채호는 사회진화론과 함께 국수주의를 고수했습니다. 『조선상고사』(1931)에서 역사를 '아와 비아의 투쟁'으로 정의했거든요. 물론 아(我, 나)는 주족이라는 의미였고 비아(非我, 너)는 객족이라는 의미였지요. 마르크스주의를 수용하지 못한 그도 역시 무솔리니처럼 파시스트로 변모했을지 모른다는 생각이 들 수밖에 없는 대목이에요.

물론 신채호 말고도 단군신화에 주목한 사람이 또 있었습니다. 단군을 '檀君'(단국의 군주)이 아니라 '壇君'(무당)으로 해석한 최남선이 인도-유럽문화권은 물론이고 중국문화권과도 구별되는 독자적인 불함(不咸, 다 차지 않음)문화권이 발칸에서 중앙아시아를 거쳐 만주·한반도·일본열도까지 존재했다고 주장했거든요. 물론 이것은 식민사관과 친화성이 있는 일만선동조론이었지만요.

『조선문명사』 1권(조선정치사, 1923)에서 안확은 신채호와 차별화된 식민사관 비판을 제시하기 위해 부족-국가-통일국가라는 정치적 발전을 기준으로 한국사의 시대를 상고(고조선-삼한)-중고(삼국-남북국)-근고(고려)-근세(조선)로 구분했습니다. 부족주권인 상고, 군주·귀족·신민주권국가인 중고, 귀족주권통일국가인 근고, 군주·신민주권통일국가인 근세로 역사가 진화했다는 것이지요.

신채호와 안확의 차이는 특히 조선에 대한 평가에서 발견할 수 있습니다. 안확은 군주·신민주권통일국가인 조선이 일종의 입헌군주정인 제한군주정이었다고 평가했거든요. 또 그는 붕당정치를 긍정적으로 해석하면서 신권주의를 주장한 서인은 자유주의정파였고, 왕권주의를 주장한 남인은 보수주의정파였다고 주장하기도 했고요. 붕당정치가 아니라 오히려 그것을 타파한 탕평정치의 귀결로서 외척세도정치가 망국의 원인이었다고 주장한 셈이에요.

안확의 후예인 이병도·김상기·이상백이 주도한 진단학회와 안확의 영향으로 국수주의를 포기한 신채호의 후예인 문일평·안재홍·정인보가 주도한 조선학(조선국학)이 1950년대 남한 한국사학계 주류의 연원이었습니다. 그들은 조선왕조의 문화적 성과로서 세종이 창제한 훈민정음이나 정약용이 집대성한 실학을 강조함으로써 문화주의적 민족주의를 창도했지요.

그러나 신채호는 물론이고 안확도 식민사관을 비판하기에는 역부족이었습니다. 식민사관에 대한 가장 유력한 비판은 역시 동경고등상업학교 시절 후쿠다의 제자이자 연희전문학교(연세대학교) 경제학교수인 백남운이 『조선사회경제사』(1933)와 『조선봉건사회경제사』 상권(고려사, 1937)에서 제시했다고 할 수밖에 없어요.

곽말약에 비견할 수 있는 백남운의 평전으로는 연세대학교 사학과 고 방기중 교수의 박사학위논문인 『한국 근현대사상사 연구: 1930-40년대 백남운의 학문과 정치경제사상』(역사비평사, 1992)을 참고할 수 있습니다. 소년시절 백남운의 스승이기도 했던 그의 부친 백낙규가 서인의 산림(山林, 사림의 재야 지도자) 송시열의 후손이자 『동감강목』의 저자인 송병선의 제자였다는 사실도 지적해둘 필요가 있겠지요.

백남운에 따르면, 삼국은 노예제였고, 통일신라부터 조선까지는 봉건제였는데, 조선이 아니라 오히려 고려가 가장 전형적인 봉건제였습니다. 또 고조선은 원시공동체에서 노예제로의 이행기였는데, 그러나 확정적 판단은 유보했고요. 그가 유럽적 봉건제와 차별화된 아시아적 봉건제의 특징으로 『자본』 3권에서 마르크스가 주목한 바 있는 토지국유제와 그 결과로서 지대와 조세의 통일성을 강조했다는 사실도 지적해둘 필요가 있지요.

일제강점기부터 해방·분단정국까지 마르크스주의자들 사이에서 백남운의 시대구분을 둘러싸고 사회사 논쟁이 전개되었습니다. 먼저 이청원은 삼국부터 고려까지는 노예제였고 조선은 봉건제였다고 주장했지요. 일본 유학생 출신이자 일본공산당 주류인 강좌파와 친화성을 가졌던 그는 아시아적 원시공동체론을 수용하여 백남운의 아시아적 봉건제론을 기각했어요.

반면 동북제국대학 출신의 경성고등상업학교(서울대학교 상과대학) 경제학교수인 전석담은 노예제의 존재를 부정했습니다. 또 노예제의 부재로 인한 원시공동체의 장기적 존속으로 인해 삼국부터 시작된 봉건제로의 이행이 완만하게 진행될 수밖에 없었다고 주장했고요. 그러나 『자본』의 번역자이기도 한 전석담은 이청원과 달리 백남운의 아시아적 봉건제론을 지지했어요.

방금 설명한 것처럼, 진단학회와 조선학에서 유래한 문화주의적 민족주의가 1950년대 남한 한국사학계의 주류를 형성했는데, 1960년대 이후에 등장한 신세대는 서울대학교 국사학과의 한우근·김철준 교수였습니다. 그들의 후계자가 바로 한영우 교수였고요. 한국정신문화연구원(한국학중앙연구원) 초대 원장이기도 한 김철준 교수가 '한국적 민족주의론'으로 유신을 정당화한 대가로 박정희가 한국사학계를 물심양면으로 지원했다는 사실도 지적해두겠어요.

진단학회의 핵심성원이자 남한 최초의 올림픽위원회(IOC) 위원이기도 한 이상백 교수가 미국의 원조로 서울대학교에 사회학과를 창설했다는 사실도 지적해두겠습니다. 이 교수는 베버의 정치사회학에서 마르크스주의적 역사과학에 대한 대안을 발견했는데, 그의 학통은 최문환 교수를 거쳐 김진균·신용하 교수로 계승되었지요.

한국전쟁 이후 북한사학계를 주도한 사람은 경성제국대학 사학과 출신인 김석형과 박시형이었습니다. 1960년대에 북한사학계는 사회사 논쟁을 정리하면서 고조선은 노예제였고 삼국시대 이후는 봉건제였다는 결론을 도출했지요. 그러나 백남운·전석담의 아시아적 봉건제론은 견지했어요. 반면 1970년대에는 주체사상이 득세하면서 고조선-고구려-발해의 계보를 강조하는 주체사관이 출현했는데, 역사의 추동력을 계급투쟁과 민족해방투쟁에서 발견하면서 생산양식과 사회구성체 개념은 상대화했지요.

물론 한국전쟁 이후의 남한사학계에서도 사회사 논쟁이 계승될 수 있었습니다. 1975년에 사회경제사를 거부하던 서울대학교 국사학과에서 연세대학교 사학과로 이적한 김용섭 교수가 부분적으로나마 백남운의 학통을 계승하여 조선후기 사회경제사를 연구했거든요. 그를 중심으로 한 남한 사회경제사의 연구성과에 대해서는 김용섭교수정년기념한국사학논총 간행위원회의 『한국사 인식과 역사이론』(지식산업사, 1997)을 참고할 수 있지요.

이 대목에서 서울대학교 경제학과/경제학부가 전석담의 학통을 전혀 계승하지 못했다는 사실을 지적해둘 필요가 있습니다. 박현채 선생이 교수로 부임하지 못한 데다가 박 선생의 대역인 안병직 교수가 1980년대 한국사회성격 논쟁의 와중에 전향했거든요. 그 결과 일제강점기 이래 이대교나 진백달 같은 마르크스주의 이론가가 부재한 상황이 극복될 수 없었던 것이고요.

고려대학교 사학과의 강만길 교수가 분단사관, 즉 민족통일사관을 제기했다는 사실도 지적해둘 필요가 있습니다. 강 교수는 민족사의 정통성을 둘러싸고 갈등하던 남북한 정부를 화해시키려고 시도했는데, 이런 입장은 한국사회성격 논쟁에서 민족해방(NL)론의 일각으로 계승되었다고 할 수 있지요. 물론 민족해방론의 주류는 주체사관에 충실했지만요.

반면 김용섭 교수의 입장을 비판적으로 수용한 한국역사연구회는 대체로 민중민주(PD)론적 입장과 친화성을 갖는 한국통사를 집필한 셈입니다. 한국역사연구회는 백남운처럼 통일신라 이후에 봉건제가 출현했다고 주장하지요. 또 전석담의 비판을 수용하여 한국사에서는 노예제를 발견할 수 없음을 인정하고요. 주체사관이나 분단사관이 아니라 한국역사연구회의 사회경제사관이 타당하다는 것이 제 생각이에요.

백수이의 『중국통사강요』와 한국역사연구회의 『한국역사』의 특징을 비교해보겠습니다. 『한국역사』는 개항 이전과 이후에 거의 동일한 비중을 할애하고 있지요. 또 개항 이후의 서술은 정치사·운동사 중심인 반면 개항 이전의 서술은 생산양식·사회구성체의 진화가 중심이고요. 이런 측면에서는 『중국통사강요』와 대동소이하다고 할 수 있어요.

다만 『중국통사강요』가 1949년 중국혁명까지를 대상으로 하는 반면 『한국역사』는 1945-1953년 이후의 남한도 대상으로 한다는 차이가 있습니다. 1945-1953년의 역사적 단절을 부정하기 때문인데, 남북한이 각각 자본주의와 사회주의로 진화했다는 민중민주론의 역사관을 '반국적(半國的) 인식'이라고 비판하면서 민족해방론이 주장하는 '자주적 민주정부'에 의한 민족통일론을 수용하고 있지요. 개항 이전의 역사 서술이 민중민주론과 친화성을 갖는 반면 개항 이후, 특히 해방·분단 이후의 역사 서술은 민족해방론과 친화성을 갖는 모순이 존재한다는 것이에요.

개항 이전의 역사에 대한 『한국역사』의 서술에도 물론 결함이 있습니다. 먼저 고대-중세-근대[현대]라는 서양사에 고유한 시대구분을 무비판적으로 사용하고 있지요. 또 고려왕조(918-1392)와 조선왕조(1392-1910)를 봉건제의 발전기와 재편기로 인식하는데, 오히려 전기 봉건제와 후기 봉건제로 인식하는 것이 더 낫겠다는 것이 제 생각이에요.

그러나 가장 중요한 결함은 역시 봉건제를 개념적으로 인식하지 못하는 데 있습니다. 이 때문에 어떤 용어가 한국사에 특수한 것인지 아니면 중국사에서도 발견되는 보편적인 것인지 불명확한 경우가 많아요. 대표적인 사례가 백남운·전석담의 아시아적 봉건 제론을 비판하는 김용섭 교수의 주장에 따라 고려왕조에서 조선왕조로의 이행을 수조권적 전주전객제(田主佃客制)에서 소유권적 지주전호제(地主佃戶制)로의 이행으로 설명하는 대목이지요.

마지막으로 성균관대학교 동아시아학술원 미야지마(宮嶋博史) 교수의 소농사회론에 대해서도 언급해두겠습니다. 그는 일본 경도대학 출신으로 나카무라(中村哲) 교수의 제자였어요. 1980년대에 경도학파를 최초로 소개한 사람은 미야지마 교수의 경도대학 선배이자 당시 경희대학교 경제학과에 재직하던 김홍식 교수였는데, 그 후 안병직 교수가 경도학파를 본격적으로 수입했지요. 한국사회성격 논쟁에서 식민지반봉건사회구성체론과 주변부자본주의론을 주장하다가 박현채 선생의 식민지반봉건사회성격론과 신식민지국가독점자본주의론에 의해 논파된 것이 결정적 계기였어요.

나카무라 교수의 경도학파를 추종하는 안병직 교수의 낙성대학파는 결국 마르크스주의를 포기했습니다. 안 교수는 나카무라 교수의 식민지현대화론과 중진국론으로 기왕의 식민지반봉건사회구성체론과 주변부자본주의론을 대체했지요. 또 그의 제자인 서울대학교 경제학부 이영훈 교수는 미야지마 교수의 소농사회론을 수용했고요. 조선의 소농사회가 일제강점기의 식민지현대화를 거쳐 박정희 정부 이후 중진국으로 이행했다는 것이 그들의 주장이에요.

미야지마 교수의 소농사회론은 아시아적 생산양식에 대한 나카무라 교수의 해석과 관련되는 것입니다. 1960년대 일본의 아시아적 생산양식 논쟁에서 나카무라 교수는 유럽식 노예제·봉건제와 구별되는 국가노예제·농노제라는 해석을 제시한 바 있지요. 국가농노제론을 조선사에 적용하는 미야지마 교수는 적어도 17세기 이후에는 소농사회가 출현했다고 주장하는데, 국가농노제론과 소농사회론은 모두 김용섭 교수의 지주전호제론에 대한 비판이에요.

한국사에서 봉건제

고조선: 부족연맹

고조선은 제정일치의 부족연맹이었습니다. 단군왕검에서 단군은 제사장을 의미했고 왕검은 정치권력자를 의미했거든요. 고조선을 주도한 것은 예맥족이었는데, 그 강역은 만주의 요하 유역(요동)부터 한반도 서북부의 대동강 유역(평양)까지로 추정되지요. 또 고조선에서 독립한 새로운 부족연맹이 출현하기도 했는데, 송화강 유역의 부여와 한강 유역의 진국(辰國)이 그것이었어요.

기원전 4세기부터 고조선은 중국의 전국칠웅인 연과 갈등했습니다. 기원전 3세기에 연에게 요동을 상실한 고조선은 평양으로 후퇴했지요. 또 진한교체기에 연의 유민 위만이 고조선의 정권을 찬탈하자 그 지배층은 진국으로 망명했고요. 그러나 곧 한무제가 고조선을 정복하고 한사군을 설치했습니다. 한사군의 중심은 압록강 유역의 현도군과 대동강 유역의 낙랑군이었어요.

한사군 시대에도 만주에 부여가 존속했는데, 한황조와 화친했던 덕분이었습니다. 물론 흑룡강 유역에 숙신도 존재했는데, 다만 부족연맹으로 발전한 것 같지는 않아요. 반면 한반도에서 진국이 마한으로 발전했고 또 낙동강 유역의 변한과 경주 인근의 진한(辰韓)도 출현했는데, 이것이 바로 삼한(三韓)이었습니다. 진한은 위만의 후예가 건설했다는 설도 있다는 사실을 지적해두겠어요.

삼국과 통일신라: 부족연맹에서 봉건제로의 이행

한황조가 전기에서 후기로 이행하는 동안 만주에서 고구려가 출현했고 한반도에서 백제·신라가 출현하면서 삼국시대가 전개되었습니다. 물론 왜와 특수관계를 형성한 가야도 존재했고요. 삼국시대는 한사군의 영향 아래 봉건제를 이식하여 부족연맹에서 봉건제로 이행하려는 시도로 점철되었어요. 또 통일의 주도권을 위한 삼국간의 전쟁도 전개되었고요.

기원전 1세기에 압록강 유역의 고조선 유민이 건설한 부족연맹이 바로 고구려였는데, 곧 부여 출신의 주몽이 주도권을 장악했습니다. 현도군을 요동으로 축출한 이후에도 고구려는 간단없이 요동 정복을 시도했는데, 이것이 바로 고조선의 고토를 회복한다는 주몽의 다물(多勿)정신이었지요.

태조왕 이후 2세기 후반부터 왕위가 세습되면서 왕권이 강화되었습니다. 16국시대의 초기인 4세기에 미천왕은 현도군 정복에 실패하자 낙랑군을 정복했지요. 또 고국원왕은 요동 정복을 시도하다가 선비족의 연에게 패퇴한 데다가 평양을 침공한 백제의 근초고왕에게 패전하여 전사했고요. 그러나 이것이 전화위복이 되었는데, 소수림왕이 율령을 반포하는 동시에 불교를 공인하고 태학을 설립함으로써 봉건제를 이식하려고 시도했거든요.

고구려의 전성기는 5세기인 광개토왕과 장수왕 때였습니다. 16국시대 말기에 숙신의 후예인 말갈족을 통합하고 부여를 정벌한 광개토왕은 요동 정벌을 재개했지요. 또 한강 유역의 백제를 정벌하면서 가야·왜를 둘러싼 백제와 신라의 경쟁에도 개입했고요. 그러나 북조가 중원을 통일하자 장수왕은 압록강 유역의 국내성에서 대동강 유역의 평양으로 천도하면서 한강 유역을 정복했습니다. 또 부여도 정복했고요. 그 후 삼국간 통일전쟁이 개시되었지요.

기원전 1세기에 주몽의 서자 비류·온조 형제가 백제를 건국했는데, 곧 서울의 온조 세력이 인천의 비류 세력을 통합했습니다. 4세기에 마한을 통합하면서 고구려와 대결한 근초고왕 때가 백제의 전성기였다고 할 수 있지요. 그러나 5세기에 개로왕이 장수왕에게 패전하여 전사하면서 백제는 공주로 천도했어요. 또 신라와의 동맹을 통해 고구려에 대항했고요.

기원전 1세기에 박혁거세가 건국한 신라는 삼국 중 가장 후진적이었습니다. 박혁거세의 후손이 부족연맹의 수령을 독점하지 못한 채 석탈해의 후손이나 김알지의 후손과 분점했다는 것이 그 증거였지요. 그러나 내물왕 이후 5세기부터 김씨가 왕위를 세습하면서 왕권을 강화했는데, 나제동맹이 발전의 계기가 되기도 했어요. 특히 6세기에 법흥왕은 율령을 반포하고 불교를 공인하면서 봉건제의 이식을 시도했습니다. 그러나 유가를 도입하지는 못했다는 사실에도 주목할 필요가 있지요.

6세기부터 통일전쟁이 본격화되었습니다. 먼저 백제는 부여로 천도하면서 중흥을 시도했지요. 그러나 고구려와 백제의 갈등에서 어부지리를 얻은 것은 신라였습니다. 진흥왕은 한강 유역으로 진출하는 데 성공했는데, 나제동맹을 통해 고구려에게서 탈환한 한강 유역에서 결국 백제도 축출할 수 있었거든요.

그 후 고구려와 백제의 견제가 시작되자 김춘추(무열왕)·김인문(문무왕) 부자는 가야의 유민 김유신과 함께 당황조와의 동맹을 통해 통일전쟁에서 승리할 수 있었습니다. 그러나 그들의 외교력을 과대평가할 필요는 없어요. 이 경우에도 역시 신라가 고구려·백제와 당황조의 갈등에서 어부지리를 얻었던 셈이거든요.

이미 지적한 것처럼, 일제강점기까지도 신라주의와 고구려주의의 논쟁이 지속되었습니다. 이 논쟁을 해결하기 위해서는 정약용이 고조선과 진국/마한을 비교한 것처럼 고구려와 신라를 비교할 필요가 있지요. 고구려가 아니라 신라가 통일전쟁에서 승리한 것은 고구려보다 오히려 신라가 발전했기 때문이기도 하거든요.

먼저 한국의 삼국시대를 중국의 전국시대에 비견할 수 있다는 사실에 주목할 필요가 있습니다. 전국시대처럼 삼국시대에도 일련의 변법운동이 전개되었는데, 소수림왕의 고구려부터 법흥왕의 신라까지 봉건제를 이식하려던 시도가 그것이었어요. 그런 과정에서 제도와 문물에서 후진적이던 신라가 오히려 선진적이던 고구려를 추월할 수 있었던 것이지요.

물론 삼국이 도입한 봉건제는 불완전한 것이었습니다. 율령제와 달리 군현제는 실시하지 못했거든요. 그만큼 부족의 세력이 강력한 반면 왕권은 아직도 취약했다는 것인데, 삼국의 봉건제는 오히려 분봉제적 성격이 강했다고 할 수 있어요. 또 조세도 본질적으로 인두세였는데, 토지생산성이 낮아서 토지세조차 인정(人丁, 성인 남자)을 기준으로 부과할 수밖에 없었거든요.

불교와 유가가 동시에 도입되었다는 사실도 역시 봉건제의 불완전성을 반영하는 것입니다. 삼국의 불교가 호국신앙으로 통일전쟁에 동원되었다는 사실에 주목할 필요가 있지요. 또 전통적 무속신앙, 즉 신도(神道)와 친화성을 갖는 기복신앙이기도 했고요. 반면 군현제가 실행불가능한 상황에서 유가는 별로 현실적합성이 없었다고 할 수 있어요. 게다가 신라는 유가를 도입하지도 못했고요.

이렇게 봉건제가 불완전한 상황에서도 토지생산성에서는 신라가 고구려를 추월했다고 할 수 있습니다. 자료가 별로 없으므로 단정할 수는 없겠지만, 고구려의 토지생산성은 별로 높지 않았을 것 같아요. 반면 진흥왕이 수리관개시설을 보급하고 철제농기구와 우경을 도입하면서 신라의 토지생산성은 상승할 수 있었고요. 이렇게 농업이 발전한 데는 물론 법흥왕과 진흥왕에 의한 낙동강 유역의 본가야(김해)와 대가야(고령)의 정복도 기여했고요.

이 대목에서 통일신라의 강역이 대동강과 원산만 이남으로 축소되었다는 사실도 객관적으로 평가할 필요가 있습니다. 당시 만주의 농업지대는 요동뿐이었는데, 요동 정복이 역부족인 상황에서 만주를 상실한 것은 별로 중요한 의미를 갖지 않았거든요. 고려·조선왕조에서도 평안도와 함경도는 변경이었을 따름이에요. 물론 고구려 이후 발해를 포함하는 말갈족·여진족·만주족의 역사에 대해 좀 더 연구할 필요가 있겠지만요.

신라가 외세의존적 나당동맹으로 통일전쟁에서 승리할 수 있었다는 주장은 전혀 시대착오적인 것입니다. 진한의 통일 이후에 비로소 한족이 형성된 것처럼 통일신라 또는 오히려 고려 이후에 비로소 한민족이 형성되었다고 할 수밖에 없거든요. 한민족이 존재하지도 않은 상황에서 외세 운운하는 것은 비역사주의적 태도의 극치일 따름이에요.

마지막으로 고구려주의와 백제주의의 논쟁은 존재하지 않았다는 사실에도 주목할 필요가 있습니다. 정복국가를 지향한 고구려와 달리 백제는 해양국가를 지향했는데, 이런 측면에서 백제가 가야·왜와 친화성을 가졌던 것이지요. 백제주의를 주장한 경우가 없었던 것은 백제와 가야·왜의 친화성 때문인 것 같습니다. 실제로 식민사관의 일선동조론은 그런 친화성에 주목하는 것이기도 했고요. 그러나 일선동조론이든 만선동조론이든 조상이 같다는 사실이 식민지수탈을 정당화하는 근거가 될 수는 없어요.

방금 삼국의 봉건제가 불완전했다는 사실을 지적했는데, 심지어 통일신라의 봉건제도 완성된 것은 아니었습니다. 통일신라는 영호제적 성격의 녹읍제(祿邑制)를 실시했는데, 그러나 분봉제적 성격의 식읍제(食邑制)와 절충한 것이었지요. 또 녹읍제를 관료전제도로 대체하려던 신문왕의 시도는 실패하고 말았고요. 종법제적 성격의 골품제를 유지하는 동시에 녹읍제의 분봉제적 성격을 폐지하는 것이 불가능했기 때문이에요. 또 국학을 설립한 다음에도 과거제는 실시하지 못했다는 사실에도 주목할 필요가 있고요. 여전히 불교(교종)를 국교로 고수했거든요.

한백겸이 비판한 것처럼, 한강 유역으로 천도하지 않은 것도 역시 통일신라의 실책이었습니다. 한강 유역의 정복이 신라가 흥기할 수 있었던 결정적 계기였다는 사실을 상기한다면, 통일신라가 삼남지방만 중시하고 경기도를 강원도와 동급으로 취급한 것은 납득하기 어려운 일이었지요. 반면 고려왕조의 수도는 예성강 유역의 개성이었고, 조선왕조의 수도는 한강 유역의 서울이었어요.

경덕왕이 부활시킨 녹읍제가 쇠퇴하면서 문벌지주가 출현했습니다. 또 문벌지주가 견훤의 후백제와 궁예의 후고구려로 결집하면서 후삼국이 출현했고요. 궁예의 후고구려를 계승한 왕건의 고려에 경순왕과 견훤이 귀순하면서 결국 새로운 통일왕조가 출현했지요. 또 요황조에 의해 멸망한 발해의 유민이 부분적으로나마 고려에 귀순하기도 했고요.

고려: 전기 봉건제

태조 왕건은 결혼정책을 통해 문벌지주의 지지를 획득했습니다. 이 때문에 그가 사망한 이후 왕위 계승을 둘러싼 분쟁이 불가피했던 것이지요. 문벌지주가 얼마간 약화되고 봉건제가 정착하는 결정적 계기는 역시 광종이 실시한 과거제와 경종이 실시한 전시과제도였지요. 또 성종은 관료제를 정비하면서 국자감도 설치했는데, 시호(諡號)가 의미하는 것처럼, 이때부터 창업기가 종료되고 수성기가 시작되었다고 할 수 있어요.

고려왕조의 전성기인 11세기에 전시과제도가 체계화되는 동시에 군현제도 정비되었습니다. 또 부병제도 정비되었고요. 고려왕조의 봉건제를 특징지은 전시과제도는 골품제에 따른 녹읍세를 폐지하고 중앙관리와 지방관리에게 수조지를 분급했어요. 수조지는 전지(田地)와 시지(柴地)였는데, 전자는 식량을 공급했고 후자는 연료(나무·풀 같은 땔감)를 공급했지요.

그런데 수조지를 세습할 수 있었던 전시과제도는 품관지주제와 문벌지주제를 절충한 성격이었습니다. 또 전시과의 본질이 수조권인지 아니면 면세권인지라는 논쟁이 제기되기도 하고요. 과거제도 역시 불완전한 것이었는데, 관직의 세습을 보장한 음서제 때문이었지요. 게다가 문과만 있었고 무과는 없었어요. 여전히 불교(선종과 타협한 교종)를 중시한 데다가 유가에서도 한당유학에 치중했다는 사실에 주목할 필요가 있고요.

고려왕조는 군현제를 실시하기 위해 통일신라의 강역을 경기를 비롯한 오도로 편제했습니다. 경기는 왕도인 개성 부근의 왕기였고, 오도는 양광도·서해도·교주도·경상도·전라도였지요. 양광도는 조선왕조의 경기도 일부와 충청도였고, 서해도는 황해도였으며, 교주도는 강원도 영서였어요. 또 양계도 있었는데, 거란족과의 변경인 북계(서북면)는 평안도였고, 여진족과의 변경인 동계(동북면)는 함경도 남부와 강원도 영동이었지요.

고려왕조는 군현제를 실시하기 위해 군소호족에게 토성(土姓), 즉 성관(姓貫, 성과 본관)을 분정하여 지방관리로 포섭하기도 했습니다. 명문호족은 물론 중앙관리로 포섭했고요. 영남대학교 사학과 고 이수건 교수의 『한국의 성씨와 족보』(서울대학교출판부, 2003)에 따르면, 한국의 성관은 거의 대부분 이런 토성분정에서 유래한 것이지요. 예를 들어 견훤의 부친은 아자개였거든요.

12세기에 수조지겸병이 심화되면서 전시과제도가 붕괴되기 시작했습니다. 그에 따라 지배계급 내부의 갈등이 전개되었는데, 외척 이자겸과 승려 묘청의 역모가 발생했고, 급기야 무신정권이 출현했지요. 또 농민전쟁도 전개되었는데, 만적은 '왕후장상에 어찌 씨가 있겠는가'라는 진승의 구호를 채택하기도 했어요. 그런 와중에 전시과제도가 완전히 붕괴되고 또다시 문벌지주가 득세했습니다. 그러나 무신정권기에 구래의 품관지주가 몰락하면서 지방관리 출신의 문관인 새로운 품관지주가 대두하기도 했는데, 그들이 조선왕조를 지배한 관신지주, 즉 사대부지주의 기원이었지요.

13세기에는 원황조와의 전쟁이 발생했습니다. 그런데 무신정권은 주전파였고 왕과 문관은 주화파였지요. 결국 강화가 성립되면서 원황조의 군사지원으로 왕정이 복고되었고, 그 후 원간섭기가 시작되었습니다. 이 시기에 부원파(附元派, 원황조에 대한 부역세력)라는 새로운 문벌지주가 출현하는 동시에 지방관리 출신의 새로운 품관지주도 더욱 확대되었지요. 안향(안유)이 신유학을 수입한 것도 역시 이 시기였고요.

14세기 원명교체기에 공민왕은 원의 간섭으로부터 독립하기 위해 문벌지주를 혁파하려는 개혁을 시도했습니다. 그러나 그가 등용한 승려 신돈은 문벌지주의 반발로 실각하여 유배 중 사망하고 말았지요. 그 후에도 공민왕은 신진문관의 정치세력화를 지원하면서 개혁을 시도하다가 결국 환관에게 살해당했고요.

통일신라 말기와 달리 고려왕조 말기에는 지방관리 출신의 새로운 품관지주가 출현했다는 사실에 주목할 필요가 있습니다. 그들은 경상도의 산곡(山谷, 산과 계곡)을 개간하거나 전라도와 기호지방의 해안을 간척하여 중소지주로 부상할 수 있었지요. 또 농법에도 관심을 가졌는데, 려말선초에 시비법과 상경법이 도입되는 동시에 이앙법도 시도된 것은 그들 덕분이었어요. 또 이 시기에 상업작물인 면화도 재배되기 시작했고요.

고려왕조와 조선왕조에서 지배계급의 교체는 명문거족의 변동으로 확인할 수 있습니다. 이수건 교수의 분석에 따르면, 고려 초기의 명문거족은 40개였는데, 무신정권을 거치면서 20개는 소멸했고 20개가 추가되었지요. 원간섭기에 50개, 려말선초에 30개가 추가되어 조선 초기에는 120개로 증가했고요. 또 조선 초기의 명문거족 중 경상도 출신이 40개였고, 전라도 출신이 20개였으며, 기호지방 출신이 40개였어요.

조선: 후기 봉건제

공민왕에 의해 정치세력화된 신진문관은 문벌지주를 혁파하기 위해 조준이 제안한 과전제를 채택했는데, 시지는 제외하고 전지만 분급하는 것이 전시과제도와의 차이였습니다. 또 전시과제도와 달리 과전제를 경기도에 국한했는데, 왕토사상의 적용을 왕기로 제한하면서 삼남지방 재지지주의 기득권을 추인한다는 의미를 갖는 것이었지요. 려말선초에 점차 지주전호제가 출현하기 시작했으므로 수조권의 분급은 사실 별로 중요한 사안이 아니었거든요.

그런데 역성혁명을 둘러싸고 신진문관 사이에서 분열이 발생했습니다. 정몽주와 이색은 고려왕조에 충성한 반면 이색의 제자 성도전은 조준과 함께 신진무관 이성계를 태조로 옹립하여 조선왕조의 창업을 주도했지요. 그러나 그는 재상권으로 군주권을 제한하려고 시도하다가 조준이 지지한 태종 이방원에게 제거되었어요.

태종은 사병 혁파를 통해 문벌지주를 소멸시켰고, 또 외척세력도 견제했습니다. 그러나 가장 중요한 공적은 역시 양전을 실시한 것이었지요. 그 결과 과전제를 도입할 때 80만결이던 토지가 100만결로 증가했는데, 세종 때는 160만결까지 증가했어요. 물론 이렇게 양전을 실시함으로써 토지세가 증가하여 재정이 건전해졌고요. 또 세종은 삼남지방의 농법을 집대성한 최초의 농서인 『농사직설』을 편찬했지요. 세조는 퇴임관리의 과전을 폐지한 직전제를 실시하는 동시에 고려왕조의 부병제를 부활시켰고요.

창업기가 종료되고 수성기가 시작된 것은 역시 성종 때였는데, 그는 훈구파를 견제하기 위해 정몽주의 후예인 사림파를 등용하기 시작했습니다. 그 결과 조준의 『경제육전』을 토대로 해서 조선왕조의 전장(典章)을 집대성하는 『경국대전』을 반포할 수 있었고, 또 이미 설명한 것처럼, 최초의 편년체 통사인 『동국통감』도 편찬할 수 있었지요. 그 후 연산군에 의해 일시적이나마 혼란이 야기되기도 했지만요.

16세기부터 지주전호제가 발전하면서 결국 직전제도 소멸했습니다. 또 부병제도 모병제로 대체되었고요. 이런 상황에서 중종반정 이후 조광조를 비롯한 사림파가 훈구파에게 도전했던 것입니다. 그러나 기묘사화로 일대 타격을 받은 사림파는 사학인 서원을 설립함으로써 재기를 모색했는데, 안향을 배향한 주세붕의 소수서원이 그 효시였지요.

은인자중하던 사림파가 부활한 것은 선조 때였습니다. 이때부터 이이를 추종하는 서인과 이황·조식·서경덕을 추종하는 동인의 붕당정치가 전개되었고요. 보통 서인은 훈구파와 친화적인 선배사림이었던 반면 동인은 훈구파에 적대적인 후배사림이었다고 주장하는데, 이것은 별로 중요한 차이가 아니었어요. 오히려 서인은 신권주의자였던 반면 동인은 왕권주의자였다는 사실이 훨씬 더 중요한 차이였다고 할 수밖에 없거든요.

이이가 49세의 아까운 나이로 요절한 다음 결국 동인이 집권세력이 되었습니다. 그 후 이황을 추종하는 남인과 조식·서경덕을 추종하는 북인이 분열했는데, 광해군 때 집권세력은 북인이었지요. 그러나 인조반정으로 북인이 소멸하면서 서인이 집권했고, 그 후 서인과 남인 사이에서 붕당정치가 전개되었어요.

17세기의 붕당정치에서도 역시 서인은 신권주의를 주장했고 남인은 왕권주의를 주장했습니다. 이것이 예송(禮訟, 예학 논쟁)이었는데, 서인은 군주도 사례(士禮, 사대부의 예의)를 따라야 한다고 주장했고 동인은 왕례(王禮, 군주의 예의)가 따로 있다고 주장했지요. 그러나 조금 이따가 조선경세학사와 관련하여 설명할 것처럼, 지주전호제에 적합한 일조편법·지정은세법 같은 조세제도에 대한 논쟁이 거의 없었다는 것이 붕당정치의 결함이었어요.

그러나 그럼에도 불구하고 왜란·호란 양란을 거치고도 조선왕조가 존속할 수 있었다는 사실을 설명할 필요가 있습니다. 이 시기에 중국에서는 명황조가 청황조로 교체되었거든요. 식민사관이 주장한 바 있는 유교망국론과 당쟁망국론의 허구성을 비판하려면 이 시기에 지주전호제가 보편화되었고 새로운 농법도 보급됨으로써 토지생산성과 지대율이 상승했다는 사실을 증명하는 것이 가장 유력한 방법이라는 것이 제 생각이에요.

16-17세기가 조선왕조의 전성기였다는 사실을 좀 더 자세하게 설명해보겠습니다. 이영훈 교수의 「17세기 후반~20세기 전반 수도작 토지생산성의 장기추세」(서울대학교 경제연구소 『경제논집』, 2012년 여름호)에 따르면, 18-19세기에 토지생산성과 지대율이 하락했어요. 따라서 16-17세기에는 토지생산성과 지대율이 상승했다고 추론할 수 있겠지요. 물론 논농사에 국한된 분석이라는 한계가 있는데, 그러나 밭농사에 대해서는 이 교수의 연구에 필적할 만한 연구가 아직은 없는 것 같아요.

이미 설명한 것처럼, 지대분배율 Π/Y가 불변일 때 토지생산성 Y/K와 지대율 $r \equiv \Pi/K$가 상승하려면, 노동생산성 Y/N가 상승하거나 1인당 토지 K/N가 하락해야 합니다.

$$r \equiv \frac{\Pi}{K} \equiv \frac{\Pi}{Y}\frac{Y}{K} \equiv \frac{\Pi}{Y}\frac{Y/N}{K/N}.$$

편의상 K/N가 불변일 때 Y/N를 상승시키는 것은 노동을 절약하는 방법이라고 부르고, Y/N가 불변일 때 K/N를 하락시키는 것은 토지를 절약하는 방법이라고 부르겠어요.

노동을 절약하는 방법은 주로 파종법과 관련되었는데, 특히 수리관개시설이 보급되면서 논농사에서 직파법을 대체한 이앙법이 중요했습니다. 이앙법은 직파법에 필요한 김매기의 노동을 절약할 수 있었거든요. 대신 모내기의 노동을 소비하기도 했지만요. 김매기의 노동이 모내기의 노동보다 컸으므로, 이앙법은 노동소비적인 봉건제적 농업에서 아주 중요한 농법이었다고 할 수 있다는 것이 제 생각이에요.

반면 토지를 절약하는 방법은 주로 작부법(作付法, 순차적 작물재배방법)과 관련되었는데, 논농사의 이모작과 밭농사의 윤작법이 중요했습니다. 이모작은 쌀을 추수한 다음에 보리를 재배하는 것이었고, 윤작법은 상경법의 1년1작을 1년2작·2년4작이나 2년3작으로 발전시킨 것이었지요. 그런데 이렇게 작부법이 발전할 수 있었던 것은 지력을 회복시키는 비료의 종류가 다양해졌고 또 시비법도 개선되었기 때문이에요.

이 시기에 상업작물인 면화의 재배가 보편화되었고, 또 감자·고구마·고추·담배 같은 외래작물의 재배도 보급되었다는 사실에 주목할 필요가 있습니다. 나아가 새로운 농서도 출현했지요. 특히 고상안은 『농가월령』을 사찬했는데, 『농사직설』이 누락한 수리관개시설과 이앙법을 포함했다는 특징이 있었어요. 또 『농사직설』을 증보한 『농가집성』도 편찬되었고요.

붕당정치가 쇠퇴한 것은 17세기 말부터 숙종이 단행한 환국정치와 18세기에 영조·정조가 실시한 탕평정치 때문이었습니다. 환국정치는 붕당정치를 일당독재로 변질시켰고, 탕평정치는 서인과 남인을 사분오열시킴으로써 결국 붕당 자체를 소멸시켰거든요. 그런 과정에서 신권주의가 쇠퇴하고 왕권주의가 대두한 것이었지요. 19세기에 외척의 세도정치가 출현한 것은 신권주의를 대체한 왕권주의의 당연한 귀결이었고요.

18세기부터 토지생산성과 지대율이 하락함에 따라 토지겸병이 심화되면서 결국 농민전쟁이 발생했습니다. 19세기 초에 평안도에서 홍경래가 시작한 농민전쟁은 개항 직전에는 삼남지방에서 시작되어 전국적으로 파급되었는데, 아직은 국지적이었고 일회적이었을 따름이에요. 그러나 1894년에 무속신앙과 유가·불교·도교를 절충한 종말론자 최시형이 지도한 동학농민전쟁이 폭발했고, 그 와중에 청일전쟁이 발발하면서 조선왕조가 패망한 것이었지요.

조선경세학사

서울대학교 종교학과 금장태 교수의 『한국유학사의 이해』(한국학술정보, 2002)를 참고하면서 조선왕조의 경세학에 대해 설명해 보겠습니다. 또 한국철학사상연구회의 『강좌 한국철학』(예문서원, 1995)과 한국역사연구회의 『한국사상사의 과학적 이해를 위해』(청년사, 1997)도 참고하겠어요.

한사군을 통해 삼국에 유가가 전래된 다음, 통일신라에서 설총과 최치원 같은 유학자가 출현했습니다. 그러나 진흥왕이 조직한 화랑도, 즉 유가·불교·도교의 절충을 통해 혁신된 신도(神道)를 대체할 수는 없었어요. 고려왕조의 성종은 한유에 비견할 수 있는 최승로를 등용했는데, 그 후 사마광을 추종한 김부식이 출현했지요. 또 최충은 사학(私學)을 설립하여 구경과 삼사를 강학했는데,

구경은 삼경인 『시경』·『서경』·『역경』과 삼례·춘추삼전을 의미했고 또 삼사는 『사기』·『한서』·『후한서』를 의미했어요.

원간섭기에 안향이 성리학을 수입했습니다. 그 후 성리학을 독학으로 자득(自得)한 최초의 유학자가 안향의 후예 이색이 발탁한 정몽주였지요. 반면 이색의 제자 정도전은 성리학을 상대화하면서 심학, 심지어 한당유학을 수용하여 재상권 중심의 경세학을 제시했고요. 정몽주가 왕도정치에 철저했던 반면 정도전은 왕도정치와 패도정치를 절충했다고 할 수 있어요.

이미 설명한 것처럼, 조선왕조의 성종은 훈구파를 견제하기 위해 정몽주의 후예인 사림파를 등용했습니다. 그러나 기묘사화에서 타격을 받은 사림파는 조광조의 결함이 경세학에 치중한 데 있다고 판단하고 그와는 반대로 수양학을 강조하기 시작했는데, 대표적인 경우가 조광조와 함께 기묘사화에서 희생된 김식의 후예 이언적이었어요. 그 후 이황이 사림파의 수양학을 체계화한 『성학십도』를 집필했고요. 그러나 이황의 수양학과 조광조의 경세학을 비판적으로 계승한 이이는 『대학연의』와 『대학연의보』를 대체하기 위해 『성학집요』를 집필했지요.

고려왕조 말기에 수입된 『대학연의』는 조선왕조에서 경연의 교재였습니다. 또 『대학연의보』는 성종 말년에 수입되었는데, 중국에서 간행된 지 6년만이었지요. 10년이 지난 다음인 중종 초년에는 훈구파의 건의로 경연교재로 채택되기도 했는데, 이것은 오히려 중국보다 앞선 것이었고요. 반면 경세학이 아니라 수양학을 강조한 이언적과 이황은 『대학연의』를 중시했습니다. 바로 이런 상황에서 이이가 『대학연의』는 물론이고 『대학연의보』를 대체하기 위해 『성학집요』를 집필한 것이었지요.

한영우 교수의 『율곡 이이 평전』(민음사, 2013)과 금장태 교수의 『율곡 평전』(지식과교양, 2011)을 참고하면서 이이의 경세학을 좀 더 자세하게 설명해보겠습니다. 모친 신사임당의 사망에 충격을 받아 청년기에 금강산을 유람하면서 승려생활을 하기도 한 이이는 결국 불교가 착실(着實, 현실에 도착함)하지 못한 결함이 있음을 깨달았지요. 수양학일 수는 있어도 경세학일 수는 없다는 것이었는데, 한유의 비판과 유사했다고 할 수 있어요.

23세의 이이는 35세 연상인 이황을 방문하여 '도리에 대해 들어 배우기를 청한'(求聞道) 바 있는데, 이황이 사망할 때까지 12년 동안 학문적 교류가 지속되어 『성학십도』에 대해 질문하기도 했습니다. 이황은 '후배를 두려워할 만하다'(後生可畏)는 공자의 말을 인용하면서 이이를 극찬했지요. 그러나 그의 자부심이 너무 지나친 것을 경계하기도 했어요. 이이는 이언적 같은 사림파 선배의 장점을 인정하지 않은 채 결함만 지적했거든요. 그가 인정한 선배는 조광조와 이황뿐이었어요.

이이가 40세에 집필한 『성학집요』는 수기가 대상인 『성학십도』와 달리 수기와 치인이 대상이었는데, 이것은 『대학연의』와 『대학연의보』의 차이와 동일했습니다. 『성학집요』는 1편 통설(統說, 서론)에 이어 2편 수기의 명명덕과 격물·치지·성의·정심·수신, 3편 정가(正家)의 신민과 제가, 4편 위정(爲政)의 신민과 치국·평천하로 구성되었는데, 각편의 결론은 지어지신이었지요. 『대학』의 삼강령과 팔조목에 대한 독자적인 해석이라고 할 수 있어요.

『성학집요』가 『대학연의보』처럼 구체적인 개혁안을 제시한 것은 아니었습니다. 그러나 이이는 이미 34세에 집필한 『동호문답』에서 경장(更張, 거문고의 줄을 고쳐 맴), 즉 개혁의 필요성을 역설한 바 있지요. 그가 주장한 경장은 창업기와 수성기에 이은 '흙담이 무너지고 기와가 부서지는'(土崩瓦解) 중쇠기의 문제를 해결하기 위한 것이었어요. 동호(東湖)는 윤근수·유성룡과 함께 사가독서(賜暇讀書)하던 옥수동의 독서당(讀書堂)이었고요.

이이가 주장한 경장론의 핵심은 지주전호제에 적합한 조세제도의 개혁이었습니다. 그는 특히 인두세를 개혁하는 수미법(收米法, 이후의 대동법)을 강조하면서 양전을 통한 토지세 개혁은 차후의 과제로 유보했지요. 또 군역의 개혁(이후의 균역법)도 주장했는데,

모병제를 폐지하는 대신 부병제를 복원하자는 '10만양병설'을 주장했다는 설도 있어요.

이이는 경서를 읽는 순서를 제시하기도 했습니다. 먼저 사서의 순서는 『대학』·『논어』·『맹자』·『중용』이었는데, 철학서인 『중용』을 맨나중에 읽으라는 것이었지요. 또 육경의 순서는 『시경』·『예경』·『악경』 다음에 『서경』·『역경』·『춘추경』이었는데, '시로 일어나고, 예로 서며, 악으로 이룬다'(興於詩, 立於禮, 成於樂)는 공자의 말처럼, 『시경』·『예경』·『악경』에서 경학을 배운 다음에 『서경』(사료)·『역경』(사론)·『춘추경』(사서)에서 사학을 배우라는 것이었지요.

『성학집요』의 결론인 5편 성현도통에서 이이는 신권주의를 주장했습니다. 그는 치통(治統)과 도통(道統)을 결합한 군사(君師)는 이미 소멸한 이상일 따름이고 현실적으로는 치통과 도통이 분리되었다고 주장했지요. 따라서 치통을 계승한 군주는 성현의 도통을 계승한 사유(師儒)를 등용해야 한다는 것이었어요. 그의 군신론은 구준의 군신공치론과 친화성이 있었지요.

붕당정치의 와중에 조광조에서 이언적·이황을 거쳐 이이로 이어지는 학통이 단절되었다는 데 조선유학사의 아이러니가 있었습니다. 서인과 함께 붕당정치의 일익을 담당한 동인은 이이의 경세학과 경장론을 거부했지요. 특히 동인의 대표를 자임한 이황의 수제자 중 한 사람인 유성룡이 그랬는데, 이이는 사사건건 반대만을 일삼는 그를 공사를 구별하지 못하는 속유(俗儒), 즉 속류유학자라고 질책하기도 했어요. 물론 신권에 의한 왕권의 침해를 우려한 선조의 이간질도 간과할 수는 없겠지만요.

동인에는 물론 조식·서경덕의 제자도 있었습니다. 이런 측면에서 볼 때 동서분당은 학통과 별로 상관이 없었다는 사실을 알 수 있지요. 이황이 성리학을 절대화한 것과 달리 조식·서경덕은 성리학을 상대화했거든요. 이황의 제자들은 결국 조식·서경덕의 제자들에게 축출되었는데, 이것이 남인과 북인의 분당이었지요. 나중에 광해군을 부추겨 폐모살제(廢母殺弟)를 감행한 것을 보면 북인은 역시 사문난적(斯文亂賊, 유가의 이단)이었다고 할 수 있어요.

그런데 더욱 아이러니한 일은 서인도 이이의 경세학을 상대화했다는 것입니다. 금장태 교수에 따르면, 서인의 학맥은 이이·성혼·송익필-김장생-김집과 윤근수-김상헌이었는데, 이들은 인조반정에 대한 찬반을 둘러싸고 공서(功西)와 청서(淸西)로 구별되기도 했지요. 그러나 서인을 통합한 송시열은 송익필-김장생-김집의 예학을 계승하면서 윤근수-김상헌의 친명·반청의리론도 계승했어요. 반면 『성학집요』는 소홀히 했는데, 한유부터 구준까지 한걸음에 내달은 이이를 따라간다는 것이 그만큼 어려웠던 탓이겠지요.

이런 상황에서 숙종이 환국정치를 통해 신권의 제한과 왕권의 강화를 시도한 것입니다. 『조선후기 정치경제사』(혜안, 2001)에서 이세영 교수는 이이가 유보한 토지세 개혁의 전제조건이라고 할 수 있는 양전을 둘러싼 논쟁을 중심으로 환국정치의 난맥상을 자세하게 분석하고 있지요.

『경국대전』에 따르면, 전국적 양전은 20-30년마다 실시해야 했습니다. 그러나 숙종 이전에 실제로 양전을 실시한 것은 15세기인 태종과 성종 때였고, 17세기 초 선조 때가 마지막이었어요. 반면 삼남지방을 중심으로 한 도별 양전은 15세기까지 정기적으로 실시했는데, 17세기 초에 선조의 전국적 양전을 보완하기 위해 인조가 실시한 도별 양전이 역시 마지막이었지요.

선조와 인조의 양전을 통해 확인된 토지는 150만결이었습니다. 이미 설명한 것처럼, 과전제를 도입할 때 80만결이던 토지는 태종 때 100만결로 증가했고, 세종 때는 160만결까지 증가했지요. 따라서 선조와 인조가 양전한 150만결은 세종 때의 160만결에도 미달하는 것이었는데, 16세기 이후 삼남지방에서 개간된 토지의 대부분이 누락되었기 때문이에요.

숙종 즉위 초에 양전은 붕당정치의 쟁점이었습니다. 그러나 환국정치의 와중에 양전의 실시는 차일피일 연기되었지요. 마지막 환국에서 서인(노론)이 집권하면서 삼남지방의 도별 양전을 실시했는데, 그나마 실패하고 말았고요. 결국 17세기 초에 선조와 인조가 실시한 양전이 조선왕조의 실질적인 마지막 양전이 된 셈이었습니다. 달리 말해서 이이가 주장한 경세학과 경장론의 핵심인 지주전호제에 적합한 조세제도의 개혁이 실패했다는 것이에요.

이 교수의 분석에 따르면, 서인보다는 남인이 양전에 더 소극적이었습니다. 예송에서의 승리와 인현왕후의 폐비를 계기로 두 번 집권한 남인이 양전에 더 소극적이었던 것은 자신의 세력기반이 경반(京班)이 아니라 향반(鄕班), 즉 삼남지방의 재지지주였기 때문이지요. 이미 설명한 것처럼, 토지생산성과 지대율이 하락하기 시작하면서 양전에 대한 사보타주가 출현했던 것이에요.

양전의 실패로 삼정(三政), 특히 전정(田政)이 문란해진 상황에서 영조와 정조는 탕평정치로 붕당정치를 해체하면서 향전(鄕戰)을 시작했습니다. 특히 삼남지방의 재지지주를 왕권에 도전하는 토호(土豪)로 간주하면서 지방수령과 향리(鄕吏, 지방관리)를 통해 견제하기 시작한 것이었지요. 그런 와중에 서원의 신설이 금지되었고, 심지어 부분적으로 철폐되기도 했어요. 경반과 향반의 분화가 고착된 것도 물론 이 시기였고요.

영조와 정조는 물론 경세학에 주목하기도 했습니다. 아까 사림파는 『대학연의』를 중시했다고 했는데, 영조가 『대학연의보』를 복권시켰지요. 또 숙종이 경연교재로 채택한 바 있는 『성학집요』를 『대학연의보』보다 우대하기도 했고요. 그는 재위 52년간 거의 매주 경연을 개최하고 또 주도하기도 한 사대부군주였어요. 이미 지적한 것처럼, 영조 때 홍봉한은 마단림의 『문헌통고』를 참고하여 최초의 정서체 통사 『동국문헌비고』를 관찬하기도 했고요.

정조도 『대학연의보』를 중시하여 말년에 『대학연의』와 합본하여 『대학유의』를 편찬했습니다. 유의(類義)는 요약이라는 의미였지요. 그런데 이미 인용한 윤정분 교수의 『중국근세경세사상 연구』에 따르면, 군주도통론을 주장하면서 군사(君師)를 자임한 정조는 『대학연의보』의 핵심인 군신공치를 부정하면서 그 내용을 실용주의적으로 취사선택했을 따름이에요. 특히 용인을 무시하면서 형정의 복권을 주장했거든요.

마지막으로 기호남인도 경세학에 주목했다는 사실을 지적해두겠습니다. 특히 이익의 『성호사설(僿說)』은 이수광의 『지봉유설(類說)』과 유형원의 『반계수록(隨錄)』을 계승한 경세학의 백과전서였어요. 다만 그들의 경세학은 조세제도의 개혁은 무시한 채 정전제의 부활만을 도모한 복고주의라는 결함이 있었지요. 그 이유는 신라주의와 고구려주의의 논쟁으로 인해 경세사학이 발전할 수 없었고, 그 결과 진화주의 역사관이 출현할 수 없었다는 사실에 있다는 것이 제 생각이에요.

예를 들어 유형원은 균전제를 주장했고, 이익은 한전제를 주장했는데, 이런 측면에서 볼 때 기호남인의 경세학은 이이의 경세학이 아니라 정도전의 경세학과 친화성을 갖는 것이었습니다. 또 정약용은 특이하게도 여전제(閭田制)를 주장했는데, 평지가 아니라 산곡을 개발하면서 밭이 아니라 논이 증가한 상황에서 균전제·한전제를 실시하는 것은 곤란하므로 여 단위의 공동소유·노동을 실시해야 한다는 것이었지요. 그러나 신유사옥과 황사영백서사건으로 유배생활을 하면서 지주전호제가 보편화된 상황에서 여전제 역시 실시하기 곤란하다는 사실을 인정할 수밖에 없었어요.

서학에 대한 기호남인의 태도가 모순적이었다는 사실도 지적해둘 필요가 있습니다. 서학을 수입한 사람은 이수광이었는데, 이익과 그의 제자 안정복은 비판적이었어요. 반면 서학을 수용하면서 천주교로 개종한 경우도 있었는데, 대표적인 사례가 정약전·정약종·정약용 형제였지요. 그러나 천주교도가 매판적이었다는 사실을 지적해둘 필요가 있어요. 신유사옥의 와중에 포르투갈 출신의 북경주교 구베아에게 프랑스해군의 파병을 청원한 황사영(정약용의 이복 장형인 정약현의 사위)의 백서사건이 그 증거였지요.

질의와 응답

생산양식과 사회구성체

— 역사에 대한 개념적 설명으로서 논리적 역사를 강조하시는 이유를 좀 더 자세하게 설명해주세요.

— '서술로서 역사'라는 의미의 'historiography'와 '과학으로서 역사'라는 의미의 'science of history'를 구별해야 하기 때문입니다. 보통 역사라고 불리는 것은 전자인데, 후자의 관점에서 볼 때는 이것도 역시 사료에 불과할 따름이지요. 그러나 '사료의 진실'이 '역사의 진실'일 수는 없어요. 따라서 후자를 위해서는 전자를 개념적으로 설명하는 논리적 역사가 필요한 것이지요. 또 그런 개념이 바로 생산양식과 사회구성체, 나아가 사회성격이고요.

1980년대에는 마르크스주의를 연구하려면 일단 봉건제에서 자본주의로의 이행 논쟁부터 섭렵해야 했습니다. 저 역시 마찬가지였는데, 그러나 봉건제에 대한 정의조차 불명확했으므로 논쟁을 정리하는 것이 쉬운 일은 아니었지요. 달리 말해서 봉건제와 관련해서는 『자본』 같은 고전을 참고할 수 없었기 때문에 논쟁이 비생산적일 수밖에 없었다는 것이에요. 그러다보니까 봉건제의 역사동역학이라는 문제는 아예 제기되지도 못했고요.

중국봉건제를 표준으로 서아시아봉건제나 한국봉건제의 변이를 설명해보려는 이번 시도는 이런 맥락에서 이해할 수 있을 것입니다. 물론 일차적 시도일 따름인데, 역사적 유비가 많은 데다가 막상 봉건제의 역사동역학도 중국사에 체계적으로 적용하지 못한다는 한계가 있거든요. 또 봉건제에서 자본주의로의 이행에 대한 설명도 차후의 과제로 연기할 수밖에 없고요.

— 생산양식과 사회구성체 개념에 대해 좀 더 자세하게 설명해주세요.

— 생산양식(Produktionsweise) 개념은 마르크스가 엥겔스와 함께 역사과학을 정초한 『독일 이데올로기』(1845-46)로 소급하는 것인 반면 경제적 사회구성체(ökonomische Gesellschaftsformation) 개념은 『경제학 비판 개요』('1857-58년 원고')로 소급하는 것입니다. 『자본』 1권(1867)에서 마르크스는 경제적 사회구성체 대신 사회의 경제적 구성과정(ökonomischer Bildungsprozeß der Gesellschaft)이라는 용어를 사용하기도 했는데, 그러나 사회구성체라는 약어를 사용하는 것이 관례라고 할 수 있지요.

생산양식과 사회구성체에 대해 설명하기 전에 'Formation'의 번역어에 대해 설명해두겠습니다. 이것은 맬서스와 함께 다윈에게 영감을 준 라이엘의 용어를 차용한 것인데, 지질학에서는 지층의 구성과정(순서)과 그 결과(구조)라는 이중적 의미를 갖지요. 따라서 '구성(체)'이라고 번역하는 것이 정확하겠지만, 좀 더 간단하게 '구성체'라고 번역하는 것이 역시 관례라고 할 수 있어요.

이미 설명한 것처럼, 마르크스는 『경제학 비판을 위하여: 1분책』의 「서문」(1859)과 『자본』 3권('1863-65년 원고') 47장에서 사회구성체에 대한 상이한 정의를 제시한 바 있습니다. 전자에서는 사회구성체를 경제와 이데올로기의 결합이라고 정의했는데, 경제는 물론 생산양식을 의미했지요. 그러나 후자에서는 사회구성체를 경제라는 의미에서 생산양식의 재생산에 기여하는 경제적·정치적 제도와 이데올로기라는 정의로 변경했어요.

『경제학 비판을 위하여: 1분책』의 「서문」에서 마르크스는 사회구성체를 구성하는 요소로서 경제와 이데올로기를 구조/토대와 상부구조 또는 현실과 의식이라고 부르기도 했습니다. 전자는 건축술적 비유였고 후자는 인식론적 비유였다고 할 수 있지요. 말년의 엥겔스는 사법적 비유를 사용하여 최종심과 그것으로부터 상대적으로 자율적인 하급심이라고 부르기도 했고요.

그런데 이런 정의로는 자본주의를 분석할 수 없다는 데 문제가 있었습니다. 『자본』 3권에서 마르크스가 사회구성체를 사회의 경제적 구조로서 생산양식의 재생산에 기여하는 경제적·정치적 제도와 이데올로기로 새롭게 정의할 수밖에 없었던 것은 이 때문이라고 할 수 있지요. 이런 새로운 정의에 따라 비로소 영미자본주의는 물론이고 중국봉건제도 분석할 수 있다는 것이 제 생각이에요.

알튀세르는 사회구성체에 대한 이런 두 개의 정의를 마르크스의 토포스(*topos*)라고 불렀는데, 아리스토텔레스의 논리학에서 토포스는 변증법(*topica*)의 규칙이라는 의미였습니다. 또 그는 마르크스의 새로운 토포스의 핵심은 재생산에 있다는 사실에도 주목했지요. 열역학적 생명론을 원용하여 재생산의 토포스를 체계의 토포스라고 부를 수 있다는 것이 제 생각인데, 좀 더 자세한 설명은 『역사학 비판』을 참조하세요.

사회성격 개념에 대해서도 간단하게 설명해두겠습니다. 이미 설명한 것처럼, 『자본』 3권(47장)에서 마르크스는 생산양식을 재생산하는 사회구성체의 변이에 대해 언급했지요. 그런데 알튀세르가 주목한 것처럼, 변이는 '보편적 유형'(allgemeiner Typus, 8장)이라는 의미에서 '이념적/개념적 평균'(idealer Durchschnitt, 48장) 또는 좀 더 간단하게 말해서 규범(Norm)/표준(Standard)을 전제하는 것이에요. 표준과 변이의 관계는 물론 보편성과 개별성의 관계라고 할 수 있고요.

한국사회성격 논쟁(debate on the nature of Korean society)과

한국사회사 논쟁(debate on the history of Korean society)은 자본주의적 사회구성체와 봉건제적 사회구성체의 보편적 표준에 대한 개별적 변이를 쟁점으로 제기하는 것입니다. 즉 미국자본주의라는 보편적 표준에 대한 한국자본주의의 개별적 변이를 설명해야 하고 중국봉건제라는 보편적 표준에 대한 한국봉건제의 개별적 변이를 설명해야 한다는 것이지요.

— 방금 하신 설명은 알튀세르나 발리바르의 용어법과 조금 다른 것 같은데요.

— 맞습니다. 알튀세르는 사회구성체의 표준과 변이를 각각 생산양식과 사회구성체라고 정의했지요. 그러나 이런 용어법에 대해 많은 반론이 제기되었어요. 관례적 용어법과 차이가 있기 때문인데, 마르크스는 스미스와 리카도의 경제학을 비판하기 위해 경제를 생산양식으로 정의했지요. 또 그런 관점에서 비로소 역사동역학을 제시할 수 있었고요.

따라서 발리바르는 경제로서 생산양식을 좁은 의미의 생산양식으로 정의하면서 알튀세르의 생산양식을 넓은 의미의 생산양식으로 정의했습니다. 그러나 사회구성체의 변이라는 의미에서 사회성격을 사회구성체로 정의한 것은 마찬가지였고요. 이런 다양한 용어법의 차이를 다음과 같이 도식적으로 정리해볼 수 있지요.

마르크스	경제≡생산양식	사회구성체(표준)	사회구성체(변이)
알튀세르	경제≠생산양식	생산양식	사회구성체
발리바르	경제≡생산양식	생산양식(광의)	사회구성체
윤소영	경제≡생산양식	사회구성체	사회성격

그러나 용어법의 차이에도 불구하고 마르크스의 생산양식과 사회구성체를 본격적으로 개념화한 것이 바로 알튀세르와 발리바르의 『'자본'을 읽자』(1965)의 최대의 공헌이었습니다. 특히 발리바르

는 자본주의적 생산양식이 『자본』의 대상이라는 관점에서 자본주의적 생산관계와 생산력에 대한 개념화를 시도했지요. 나아가 생산관계 일반과 생산력 일반에 대한 개념화도 시도했고요. 발리바르의 이런 시도는 마르크스주의의 역사에서 일찍이 그 유례가 없는 획기적인 것이었어요.

발리바르의 시도 중 가장 인상적이었던 것은 생산관계와 생산력을 모두 관계로 정의한 것입니다. 생산관계는 생산수단에 대한 소유(property)의 관계이고 생산력은 생산수단에 대한 실제적 영유(real appropriation)의 관계라는 것이었는데, 여기서 실제적 영유는 작동(operation)이라는 의미였지요. 그런데 영유는 본래 소유의 재생산이라는 의미였으므로, 알튀세르는 생산관계와 생산력을 각각 '사회적 생산관계'와 '기술적 생산관계'라고 부르기도 했어요.

발리바르는 자본주의에서 산업노동자가 생산수단의 소유로부터 분리되는 동시에 생산수단의 작동으로부터 분리된다고 주장했습니다. 여전히 도구(tool)를 사용하는 매뉴팩처와 달리 도구를 작업기(machine-tool)로 대체하는 기계제대공업에서 산업노동자는 생산수단의 소유와 작동으로부터 동시에 분리된다는 것이었지요. 그는 이런 '이중적 의미의 분리'를 동형성(homology), 즉 형태/구조의 동일성이라고 불렀지요. 형태/구조의 핵심이 바로 관계이거든요.

그러나 생산관계와 생산력의 동형성이라는 개념에는 결함이 있었습니다. 먼저 동형성이 봉건제는 몰라도 노예제에서도 존재하는 것은 아니에요. 농노·소작농은 생산수단을 점유하는 동시에 작동한다고 할 수 있지요. 그러나 생산수단의 소유로부터 분리되는 노예가 작동으로부터도 분리되는 것은 아니에요. 노예도 농노·소작농처럼 생산수단을 작동하거든요.

나아가 자본주의에서도 동형성이 존재한다고 할 수는 없습니다. 생산수단의 작동으로부터 분리되는 것은 탈(脫)숙련화된 육체노동자일 따름이거든요. 산업노동자는 매뉴팩처에서 형성된 집단노동자인데, 기계제대공업에서는 집단노동자에 육체노동자로서 반(半)숙련공과 지식노동자로서 공학자의 분할이 추가되지요. 지식노동자로서 공학자를 포함하는 산업노동자가 생산수단의 작동으로부터 분리된다고 할 수는 없어요.

자본주의에서 노동은 봉건제처럼 개인적인 것이 아니라 노예제처럼 집단적인 것이라는 사실에 잠시 주목하겠습니다. 자본주의와 노예제의 집단노동에는 물론 차이가 있어요. 노예제의 집단노동은 단순한 협업인 반면 자본주의의 집단노동은 분업을 전제하는 복잡한 협업, 특히 육체노동과 지식노동의 분할을 전제하는 협업이거든요. 이렇게 복잡한 협업으로서 집단노동을 조직하는 것이 바로 자본가의 기능이고, 이런 기능은 결국 관리자에 의해 대행되지요.

공학자와 관리자는 모두 지식노동자인데, 그러나 그 계급적 성격은 전혀 다르다고 할 수밖에 없습니다. 육체노동자와 함께 집단노동자를 구성하는 전자는 프롤레타리아의 일부인 반면 자본가와 함께 집단자본가를 구성하는 후자는 부르주아지의 일부이거든요. 부르주아지가 자본가와 관리자로 분화되는 것을 봉건제에서 '토지소유의 등급제'에 유비하여 '자본소유의 등급제'라고 부를 수도 있겠다는 것이 제 생각이에요.

그러나 발리바르의 시도에서 가장 큰 결함은 역시 자본주의의 역사동역학을 부정한 것입니다. 동역학은 재생산과정의 양적 한계(Grenze, limit (of variation))를 분석하는 반면 역사는 이행과정의 질적 한계(Schranke, barrier)를 분석한다는 것이 그의 주장이었지요. 이렇게 역사와 동역학을 분리시킨 것은 결국 자본생산성과 이윤율의 하락을 순환적 위기로 인식했기 때문이에요. 구조적 위기로서 자본생산성과 이윤율의 하락이라는 관점에서 제시되는 역사동역학에 대한 설명은 『마르크스의 '자본'』을 참고하세요.

자본주의와 봉건제의 역사동역학의 유비에는 물론 한계가 있습니다. 특히 토지생산성이 상승하더라도 지대율이 하락할 수 있기 때문이에요. 봉건제에서 잉여노동을 착출하기 위해서는 경제외적 강제와 동의가 필요한데, 그런 강제와 동의가 부적합할 경우에는 토지생산성이 상승하더라도 지대율이 하락하는 위기가 발생할 수 있지요. 물론 중국사에서 볼 수 있는 것처럼, 경제외적 위기에 의해 야기된 경제적 위기는 봉건제의 위기 그 자체가 아니라 황조의 위기였을 따름이지만요.

이런 맥락에서 백수이의 『중국통사강요』가 생산양식과 사회구성체를 대상으로 하는 전지(典志) 이전에 종술(綜述)을 안배하는 이유를 이해할 수 있을 것입니다. 또 종술에서 정치·군사사 이외에도 유가의 진화를 중심으로 한 사상·문학사에 주목하는 이유도 이해할 수 있겠고요. 물론 경세·사학사를 좀 더 강조할 필요가 있다는 것이 제 생각이지만요.

— 『'자본'을 읽자』에 대한 발리바르의 자기비판은 어떻게 평가할 수 있나요?

— 발리바르는 일련의 자기비판의 귀결이라고 할 수 있는 『프롤레타리아 독재에 대하여』(1976)에서 자본주의적 축적의 역사적 경향에 주목했습니다. 좀 더 구체적으로 말해서 국가독점자본주의로의 경향과 프롤레타리아 독재로의 경향이 그것인데, 제국주의는 전자의 경향이 지배적인 경우인 반면 사회주의는 후자의 경향이 지배적인 경우라는 것이 그의 주장이었지요. 이미 여러 기회에 강조한 것처럼, 바로 여기서 신식민지국가독점자본주의론과 민중민주주의론의 이론적 원천을 발견했던 것이지요.

그러나 발리바르의 자기비판도 결함이 있었습니다. 자본주의적 축적의 역사적 경향과 보편적 법칙의 관계가 모호했거든요. 또 마르크스주의의 위기의 와중에 자기비판을 포기했고요. 국가독점자본주의로의 경향은 자본주의적 축적의 보편적 법칙, 즉 자본생산성·이윤율의 하락과 관련되는 반면 프롤레타리아 독재로의 경향은 자본주의적 축적의 역사적 경향, 즉 단순상품생산의 개인적-사적 소유를 반전시킨 자본주의적 생산의 자본주의적-사적 소유를 또다시 반전시킬 노동자연합/평의회의 개인적-사회적 소유와 관련되는 것입니다. 이런 관점에서 발리바르의 자기비판을 완성할 수 있는데, 좀 더 자세한 설명은 역시 『마르크스의 '자본'』을 참고하세요.

— 알튀세르나 발리바르가 강조하는 생산력에 대한 생산관계의 우위는 무슨 의미인가요?

— 생산력에 대한 생산관계의 우위는 먼저 『자본』 1권에서 마르크스가 설명한 자본에 의한 노동의 형식적 포섭에서 실질적 포섭으로의 이행과 관련되는 것입니다. 형식적 포섭은 자본주의적 생산관계, 즉 자본-임노동관계만 존재한다는 의미인 반면 실질적 포섭은 그것에 적합한 자본주의적 생산력, 즉 기계제대공업도 존재한다는 의미이지요. 따라서 형식적 포섭에서 실질적 포섭으로의 이행에서 핵심은 자본-임노동관계가 자신에게 적합한 기계제대공업을 창출하는 과정이라는 의미에서 산업혁명이에요.

그러나 생산력에 대한 생산관계의 우위에는 또 다른 의미도 있습니다. 산업혁명의 본질은 노동을 절약하고 자본을 소비하는 기술진보인데, 이것은 생산관계를 특징짓는 계급모순으로 인해 생산력이 모순적으로 발전한다는 의미이기도 하지요. 이 때문에 산업혁명이 곧 계급투쟁과정이기도 한 것이고요. 자본의 선제공격에 대한 노동의 방어투쟁이 바로 노조를 결성하여 임금을 인상하고 노동일을 단축하는 경제투쟁이거든요.

생산력에 대한 생산관계의 우위를 봉건제나 노예제에 대해서도 적용할 수 있을 것입니다. 예를 들어 중국사에서 상앙의 변법으로 노예제적 생산관계가 봉건제적 생산관계로 변혁되면서 농업생산력이 비약적으로 발전했지요. 이런 관점에서 볼 때 백수이와는 반대로 생산관계의 변혁이나 개혁을 먼저 서술하고 생산력의 발전을 나중에 서술하는 것이 합리적이라고 할 수 있어요.

— 알튀세르와 발리바르가 말하는 역사적 시간의 차별성은 무슨 의미인가요?

— 연대기적 시간과 구별되는 역사동역학적 시간에 주목할 필요가 있다는 의미로 해석할 수 있을 것입니다. 예를 들어 중국봉건제는 2000년 동안 지속되었고 영미자본주의는 200년 동안 지속되었는데, 이것은 연대기적 시간의 관점일 따름이지요. 역사동역학적 시간의 관점에서 볼 때는 양자의 지속기간이 역전될 수 있거든요. 역사동역학적 시간은 물론 생산양식의 진화를 의미하는데, 그 지표가 바로 생활수준의 상승이에요.

그런데 봉건제에서 생활수준의 상승을 측정할 수 있는 통계자료는 거의 없으므로 세계인구의 배증기(倍增期, 두 배로 증가하는 기간)라는 대리변수를 사용할 수 있을 것입니다. 중국봉건제가 지속된 2000년 동안 세계인구성장률은 100년당 8% 정도이므로 '70의 법칙'에 따라 배증기는 70/8≈9, 즉 900년 정도이지요. 반면 영미자본주의가 지속된 200년 동안 세계인구성장률은 100년당 150% 정도이므로 배증기는 70/150≈0.5, 즉 50년 정도이고요.

요컨대 역사동역학적 시간의 관점에서 볼 때 영미자본주의의 1년은 중국봉건제의 900/50≈20년에 해당한다는 것입니다. 따라서 중국봉건제와 비교할 때 영미자본주의의 지속기간은 그 두 배인 200×20=4000년이라는 것이에요. 물론 대략적인 수치일 따름인데, 핵심적 논지는 아편전쟁기의 중국봉건제처럼 현재의 영미자본주의도 노쇠했다(sich überleben)는 것이에요.

역사동역학적 시간을 포함하는 인간진화적 시간은 사실 생명진화적 시간, 나아가 물질진화적 시간의 일부인데, 좀 더 자세한 설명은 「물질과 생명의 진화」(『일반화된 마르크스주의의 쟁점들』, 공감, 2007)를 참고할 수 있습니다. 또 '거대사'의 주창자인 크리스천(David Christian)의 *Maps of Time: An Introduction to Big History* (University of California Press, 2004; 국역: 심산, 2013)나 인간진화를 중심으로 하는 축약본 *This Fleeting World: A Short History of Humanity* (Berkshire, 2007; 국역: 서해문집, 2009)도 참고할 수 있고요.

「물질과 생명의 진화」에서 설명한 것처럼, 에너지소비(단위는 $erg/s.g$)의 증가로 표현되는 인간의 진화는 다음과 같습니다.

호미니드/호미닌(400만년 전): 2만
호모 에렉투스(200만년 전, 도구·불): 4만
호모 사피엔스(15만년 전, 언어·화전원예농): 8만
농업문명(5000년 전, 관개농): 15만
산업문명(200년 전, 기계제대공업): 48만

거의 5000년 동안 지속된 노예제·봉건제는 원시공동체에 비해 에너지소비를 2배 정도 증가시킨 반면 겨우 200년 동안 지속된 자본주의는 노예제·봉건제에 비해 에너지소비를 3배 이상 증가시켰습니다. 따라서 자본주의의 1년은 노예제·봉건제의 5000/200=25년을 훨씬 초과한다고 할 수도 있어요.

— 생시몽과 마르크스의 시대구분의 차이에 대해 좀 더 자세하게 설명해주세요.

— 생시몽은 피지배계급을 기준으로 노예제-농노제-임노동제로 시대를 구분한 반면 마르크스는 생산관계를 기준으로 노예제-봉건제-자본주의로 시대를 구분했습니다. 그런데 노예제라는 명칭은 공통이므로, 소련사학계에서 노예제적 생산양식 대신 노예소유제적(slave-owning/holding) 생산양식이라는 용어를 제안한 적이 있지요. 그러나 노예제라는 용어를 사용하는 것이 관례인데, 노예소유제라는 용어보다 간단하다는 장점이 있거든요.

발리바르가 강조하듯이, 『자본』은 임노동 그 자체를 분석하는 것이 아니라 자본주의적 생산양식을 분석하는 것입니다. 마르크스는 애당초 『자본』의 후속작으로 '임노동'을 집필하려던 계획을 변경하여 『자본』 1권에 포함시켰지요. 그러나 『자본』에는 프롤레타리아는 물론이고 노동자계급도 거의 등장하지 않는데, 이렇게 임노동 그 자체가 아니라 자본주의적 생산양식을 분석하는 것이 프롤레타리아의 계급적 관점이라는 것이 발리바르의 주장이에요.

— 마르크스도 역사에서 '이성의 교지'라는 개념을 수용한 적이 있나요?

— 「영국의 인도 지배」(1853)에서 마르크스는 괴테의 『서동시집』(1815)의 '이런 불행으로 인해 우리가 행복해졌다고 슬퍼해야 하는가? 티무르의 지배는 수많은 목숨을 앗아가지 않았던가?'라는 구절을 인용한 적이 있습니다. 그런데 영국의 마르크스주의 문학비평가 프로어(S. Prawer)는 *Karl Marx and World Literature* (Oxford University Press, 1976)에서 이런 인유(allusion, 비유를 위한 인용)의 핵심을 이성의 교지로 해석하고 있지요.

티무르의 지배라는 불행으로 인해 우리 유럽인이 행복해졌다는 것은 티무르와의 경쟁 때문에 오스만왕조가 유럽은 포기하고 비잔티움만 정복했다는 역사적 사실을 의미합니다. 또 영국의 지배라는 불행이 야만상태의 인도에 문명화라는 행복을 제공한다는 것이 당시 마르크스의 지론이었고요. 따라서 티무르의 지배와 영국의 지배를 이성의 교지로 해석할 수 있다는 프로어의 주장에는 일리가 있다고 할 수 있지요.

물론 또 다른 해석도 가능한데, 예를 들어 팔레스타인 출신의 미국 문학비평가 사이드는 마르크스의 오리엔탈리즘을 발견할 수 있다고 주장합니다. 그러나 마르크스가 이 구절을 영국의 인도 지배에만 적용한 것은 아니었기 때문에 사이드의 주장에는 문제가 있지요. *Marx at the Margins: On Nationalism, Ethnicity, and Non-Western Societies* (University of Chicago Press, 2010)에서 미국의 마르크스주의 사회학자 앤더슨(Kevin Anderson)이 지적하는 것처럼, '1861-63년 원고'나 『자본』 1권에서 산업혁명기 노동자 계급의 상태를 묘사하면서도 이 구절을 인용했거든요.

따라서 오리엔탈리즘은 물론이고 이성의 교지라는 해석만 가능한 것은 아닙니다. 오히려 발리바르가 강조하는 것처럼, 역사에서 작용하는 헤겔의 변증법과 구별되는 마르크스의 변증법으로 해석할 수도 있거든요. 좀 더 구체적으로 말해서 마르크스가 '현실적 모순'이라는 관점에서 역사진화의 보편적 인과법칙을 설명함으로써 헤겔의 변증법을 개조했다는 것이에요. 좀 더 자세한 설명은 『마르크스의 '자본'』을 참고하세요.

아시아적 생산양식 논쟁

— 소련사학계에서 아시아적 생산양식을 노예제의 아시아적 변종으로 해석한 것은 무엇 때문인가요?

— 이미 지적한 것처럼, 러시아사회성격 논쟁에서 레닌은 아시아적 생산양식을 국가봉건제, 즉 봉건제의 아시아적 변종으로 해석했습니다. 중국사회성격 논쟁에서 스탈린도 역시 이런 해석을 옹호했는데, 그를 이론적으로 지원한 사람이 고데스였지요. 반면 당시에도 아시아적 생산양식을 노예제의 아시아적 변종으로 해석한 사람이 있었는데, 그가 바로 스트루베였어요.

그런데 문제는 고데스와 스트루베가 아시아적 생산양식 개념으로 분석한 역사적 현실이 동일한 것이 아니었다는 사실에 있습니다. 고데스는 청황조의 중국이 봉건제의 아시아적 변종이라고 주장한 반면 스트루베는 고대 서아시아, 즉 메소포타미아와 이집트가 노예제의 아시아적 변종이라고 주장했거든요.

어쨌든 1930년대의 논쟁에서는 고데스의 입장이 우세했던 반면 1960년대의 논쟁에서는 스트루베의 입장이 우세했습니다. 이런 새로운 입장에서 집필된 것이 이미 인용한 『세계의 역사』인 것 같은데, 이 책은 메소포타미아와 이집트, 마케도니아와 로마·이란은 물론이고, 심지어 진한도 노예제로 간주하고 있지요. 그러나 진한이 노예제였다는 근거는 제시하지 못하고 있어요.

이미 설명한 것처럼, 로마는 물론이고 비잔티움도 노예제였다는 주장이 소련사학계의 가장 큰 결함입니다. 물론 진한이 노예제였다는 주장도 아주 황당한 것이고요. 사실 소련사학계의 중국사 연구수준이 그렇게 대단한 것은 아니었는데, 1970년대까지의 연구성과에 대한 개관은 미국의 중국학자 로즈먼(Gilbert Rozman)이 편집한 *Soviet Studies of Premodern China: Assessments of Recent Scholarship* (Center for Chinese Studies, University of Michigan, 1984)을 참고할 수 있지요.

— 아시아적 생산양식론의 대상이 이렇게 혼란스러운 것은 무엇 때문인가요?

— 이런 혼란은 사실 마르크스로 소급된다고 할 수 있습니다. 1850년대에 마르크스가 주로 염두에 두었던 것은 자본주의로의 이행에 실패한 무굴왕조의 인도였는데, 그는 사파위왕조의 이란이나 오스만왕조의 이슬람은 물론이고, 심지어 청황조의 중국도 대동소이할 것이라고 예단했지요. 또 아시아에서 자본주의가 출현하지 못한 것은 토지국유제로 인해 토지사유제가 발전하지 못했기 때문이라고 주장했고요.

그런데 마르크스는 『정세학 비판 개요』의 일부인 '자본주의적 생산에 선행하는 형태들'에서 아시아적 생산양식론의 근거를 아시아적 원시공동체론으로 소급했습니다. 그리스-로마적 원시공동체나 게르만적 원시공동체와 달리 아시아적 원시공동체에서는 토지사유제가 발전할 수 없었다는 것이에요. 그 결과 그리스-로마적 원시공동체는 노예제적 생산양식으로 진화했고 게르만적 원시공동체는 봉건제적 생산양식으로 진화했던 반면 아시아적 원시공동체는 아시아적 생산양식으로 진화했다는 것이고요.

이렇게 아시아적 원시공동체론과 결부된 아시아적 생산양식론의 대상은 무굴왕조의 인도, 사파위왕조의 이란, 오스만왕조의 이슬람, 청황조의 중국보다는 오히려 고대 메소포타미아, 고대 이집트, 고대 이란이었습니다. 그러나 이런 혼동이 마르크스에게 별다른 문제를 제기하지는 않았는데, 고대 이래 아시아의 역사는 정체했다는 부당전제 때문이었다고 할 수 있지요.

『경제학 비판을 위하여: 1분책』의 「서문」에서 마르크스가 언급한 아시아적 생산양식은 물론 '자본주의적 생산에 선행하는 형태들'에서 분석한 아시아적 생산양식이었습니다. 따라서 아시아적 생산양식이 노예제적 생산양식을 거쳐 봉건제적 생산양식으로 진화했다는 해석에 대해 논쟁이 제기될 수 있지요. 달리 말해서 역사의 진화가 단선적(unilinear)인가 아니면 다선적(multilinear)인가라는 쟁점이 존재한다는 것이에요.

다선적 진화론의 관점에서 『경제학 비판을 위하여: 1분책』의 「서문」을 해석한 대표적인 경우가 바로 홉스봄(Eric Hobsbawm)입니다. '자본주의적 생산에 선행하는 형태들'의 영역본에 대한 해설인 "Marx on pre-Capitalist Formations" (1964, in *How to Change the World: Reflections on Marx and Marxism*, Yale University Press, 2011; 국역: 까치, 2012)를 참고하세요.

반면 단선적 진화론을 주장한 아시아적 생산양식론자도 존재합니다. 대표적인 경우가 소련의 인류학자 세메노프(Yuri Semenov)인데, 그의 "The Theory of Socio-Economic Formations and World History" (1970, in Ernest Gellner, ed., *Soviet and Western Anthropology*, Duckworth, 1980)를 참고하세요. 최초의 계급적 생산양식으로서 아시아적 생산양식이라는 주장을 제외한다면, 세계사의 보편법칙이라는 의미에서 단선적 진화론을 주장한 세메노프의 입장이 타당하다는 것이 제 생각이에요.

어쨌든 아시아적 생산양식의 본질은 토지사유제의 부재였는데, 그 이유는 토지국유제로 설명할 수도 있고 아시아적 원시공동체의 존속으로 설명할 수도 있습니다. 또 1860년대의 마르크스는 토지국유제에 주목했고 1870년대의 마르크스는 아시아적 원시공동체의 존속에 주목했지요. 좀 더 자세한 설명은 방금 인용한 앤더슨의 *Marx at the Margins*를 참고하세요.

이미 설명한 것처럼, 토지국유제에 주목한 『자본』 3권이 봉건제의 아시아적 변종으로서 아시아적 생산양식론의 전거라고 할 수 있습니다. 물론 서아시아사와 달리 중국사에서는 토지국유제가 토지사유제로 진화하기도 했고요. 적어도 중국사에서는 봉건제의 아시아적 변종으로서 아시아적 생산양식이 정체했다고 주장할 수 없다는 것이에요.

물론 『자본』을 집필한 이후에 마르크스가 아시아적 원시공동체론의 부활을 시도한 것도 사실입니다. 1871년에 파리코뮌이 실패하고 1872년에 러시아 인민주의자들이 『자본』을 최초로 번역하자 그는 러시아에서 혁명의 전망에 대해 주목하기 시작했지요. 그러나 봉건제가 불완전한 러시아에서는 아시아적 원시공동체의 유제(遺制, survivals)로서 농촌공동체(이른바 '러시아코뮌')가 존속한다는 특수성이 있었어요.

이런 특수성을 둘러싸고 전개된 인민주의자와 마르크스주의자의 논쟁에 개입하면서 마르크스가 아시아적 원시공동체론으로 복귀한 것입니다. 그러나 이 시기의 작업은 『경제학 비판 개요』 같은 연구노트라고 할 수도 없는 일련의 발췌노트였을 따름이에요. 게다가 플레하노프를 비판하면서 레닌이 강조한 것처럼, 1861년의 농노해방 이후 농촌공동체는 이미 해체되는 중이었고요.

— 아민이 공납제적 생산양식 개념을 최초로 제시했다고 하셨는데, 그 내용은 무엇이었나요?

— 아민의 *Class and Nation*을 보면 사실 별다른 설명을 제시하지 못했습니다. 그럴 수밖에 없었던 것이 노예제적 생산양식 개념을 폐기한 그는 이슬람을 표준으로 해서 고대 이집트·메소포타미아에서 명청의 중국까지 모두 공납제적 생산양식이었다고 주장했거든요. 이런 의미에서 그의 공납제론을 '이슬람 모델'이라고 부를 수 있는데, 별다른 내용이 있을 수 없었지요. 울프의 *Europe and the People without History*나 맥닐과 함께 세계사학파를 주도한 스타브리아노스(Leften Stavrianos)의 교과서 *Lifelines from*

Our Past: A New World History (Tauris, 1990; revised ed., Sharpe, 1997)도 큰 도움은 안 되고요.

게다가 *Class and Nation*의 자매서인 *Eurocentrism* (Monthly Review Press, 1989 [1988]; 국역: 세종, 2000)에서 아민은 이슬람 모델을 '이집트 모델'로 소급하기도 했습니다. 고대 이집트에서 인과응보·윤회전생론을 토대로 한 보편적 도덕이 출현했고, 그런 도덕을 완성한 것이 바로 아리스토텔레스의 존재론을 토대로 한 이슬람 신학이었다는 것이에요. 그가 기축시대의 의미를 오해했다는 사실을 알 수 있는 대목이지요.

그리스처럼 이슬람에서도 경세사학이 발전하지 못했다는 사실을 지적해두겠습니다. 물론 14세기 튀니지아(카르타고)에서 베르베르족 출신의 이븐 할둔 같은 사학자가 출현하기도 했는데, 그러나 그도 역시 경세사학을 제시하지는 못했어요. 제도·문물 대신 지리·민족에 주목하면서 유목민적 야만과 정착농경민적 문명의 순환이라는 역사관을 제시했을 따름이거든요. 서양사학사에서는 그를 현대사학의 선구자로 인정하고 있지만요.

그런데 아민은 논문집 *Global History: A View from the South* (Pambazuka, 2011)에 실린 "The Ancient World Systems versus the Modern Capitalist World System" (*Review*, Summer 1991)과 "Europe and China: Two Paths of Historical Development" (신규 논문)에서 자신의 주장을 얼마간 수정하기도 합니다. 핵심은 공납제가 생산양식이 아니라 알튀세르적 의미의 사회구성체, 즉 사회성격이라는 것인데, 그러나 별다른 근거는 제시하지 못하지요.

나아가 그는 서아시아 공납제의 역사를 마케도니아와 로마·이란 이후로 제한하면서 그 이전의 이집트·메소포타미아의 도시국가는 공납제의 부화기(incubation period)였다고 주장합니다. 공납제이기는 했어도 아직은 집권화된 영토국가 또는 통일제국이 아니었다는 것이에요. 또 중국의 공납제와 달리 서아시아의 공납제는 중상주의적 요소가 강했다는 사실도 인정하고요. 따라서 아민도 결국 공납제의 '중국 모델'을 채택하는 셈인데, 게다가 아리기처럼 스미스적 동역학에 주목하기도 하지요.

아민이 서아시아사와 중국사의 차이를 표음문자(phonogram)와 표의문자(ideogram)의 차이로 설명한다는 사실에 잠시 주목해보겠습니다. 서아시아에서는 이집트·메소포타미아의 상형문자(hieroglyph)가 페니키아의 표음문자로 대체되면서 언어의 분리가 문자의 분리로 심화되어 집권화가 곤란했던 반면 중국에서는 진시황제 때 이사가 상주의 상형문자(갑골문자·금석문자)를 한자로 발전시켜 언어의 분리를 문자의 통일로 보충함으로써 집권화가 가능했다는 것이지요. 물론 중국에서도 일부 소수민족은 고유의 표음문자를 사용하는 분리주의적 경향이 있었지만요. 한족의 형성과 한자의 출현이 표리관계에 있었다는 것인데, 일리가 있는 주장이에요.

표음문자는 음성문자인 반면 표의문자는 개념문자입니다. 예를 들어 영어와 달리 한자어는 한 음절에 해당하는 문자마다 모두 의미가 있어요. 또 표음문자는 언어와 결합되어 있는 반면 표의문자는 언어와 독립되어 있습니다. 따라서 한국어에서 영어와 달리 한자어는 번역할 필요가 없지요. 한국어에서 개념어가 거의 모두 한자어인 것은 이 때문이에요. 물론 영어도 번역하지 않고 사용하는 경우가 있는데, 그러나 일상어가 많지요. 한자어는 한국어를 풍부하게 만든 외래어인 반면 영어는 한국어를 빈곤하게 만들 외래어라고 할 수밖에 없어요.

— 아리기가 말하는 스미스적 동역학은 어떻게 평가할 수 있을까요?

— 말년의 아리기는 포머랜츠를 비롯한 캘리포니아학파를 따라 스미스적 동역학을 채택한 바 있습니다. 『역사학 비판』에서 설명한 것처럼, 스미스는 진보상태(progressive/advancing state), 정상상태(定常狀態, stationary state), 퇴보상태([regressive/]declining state)로 구성되는 자본과 인구의 역사동역학을 묘사했지요. 그가

주목한 것은 '성장의 한계'라는 의미에서 정상상태였는데, 중국과 네덜란드에서 그 사례를 발견하기도 했어요.

스미스적 동역학의 결함은 정상상태를 초래하는 원인으로서 이윤율 하락의 성격이 불명확했다는 데 있습니다. 그는 시장의 제한으로 인한 경쟁의 격화를 강조했는데, 그러나 그것만으로 중국과 네덜란드가 정상상태에 진입했다고 주장할 수는 없거든요. 중국은 봉건제적 중농주의였던 반면 네덜란드는 자본주의적 중상주의·식민주의였다는 차이를 무시할 수 없다는 것이에요.

모종의 시장과 경쟁의 관점에서 이윤율의 하락을 설명한 스미스와 달리 리카도와 마르크스는 자본주의적 생산의 관점에서 이윤율의 하락을 설명했습니다. 리카도는 자본주의적 농업에서 토지생산성의 하락에 주목한 반면 마르크스는 자본주의적 산업에서 자본생산성의 하락에 주목했다는 차이가 있지만요. 물론 리카도적 동역학이 아니라 마르크스적 동역학이 스미스적 동역학의 결함을 해결했다고 할 수 있고요.

자본주의를 설명하는 마르크스적 동역학에 유비하면서 봉건제도 동역학적으로 설명할 수 있는가라는 문제를 제기할 수 있을 것입니다. 이번에 이 문제를 해결하기 위해 중국봉건제를 대상으로 동역학적 설명을 시도해본 것인데, 다만 미국의 경제사학자 엘빈이 '고수준균형의 함정'(high-level equilibrium trap)으로 단정한 것처럼, 명청 이후 중국이 정상상태에 진입했는지 여부는 불명확하다고 할 수 있지요. 물론 『역사학 비판』에서 설명한 것처럼, 중상주의·식민주의에 대한 브로델의 동역학적 묘사에는 문제가 많다고 할 수밖에 없고요.

— 봉건제의 역사동역학에서 토지생산성과 지대율이 하락하는 이유를 좀 더 자세하게 설명해주세요.

— 이미 설명한 것처럼, 자본주의와 봉건제의 역사동역학은 다음과 같습니다.

$$r \equiv \frac{\Pi}{K} \equiv \frac{\Pi}{Y}\frac{Y}{K} \equiv \frac{\Pi}{Y}\frac{Y/N}{K/N}.$$

자본생산성 Y/K와 이윤율 $r \equiv \Pi/K$를 상승시키는 방법이 일정한 노동생산성 Y/N를 달성하기 위해 1인당 자본 K/N를 하락시키는 것이듯이, 토지생산성 Y/K와 지대율 $r \equiv \Pi/K$를 상승시키는 방법도 역시 일정한 노동생산성 Y/N를 달성하기 위해 1인당 토지 K/N를 하락시키는 것이지요. 이렇게 자본·토지를 절약하는 방법이 한계에 도달하여 일정한 노동생산성을 달성하기 위해서는 자본·토지를 소비할 수밖에 없을 때 자본생산성·이윤율과 토지생산성·지대율이 하락한다고 할 수 있어요.

— 노예제도 자본주의나 봉건제처럼 역사동역학으로 설명할 수는 없나요?

— 설명할 수 있기는 한데, 별로 실익이 없습니다. 방금 제시한 공식을 그대로 이용할 경우, 노예의 생산물은 거의 모두 잉여생산물이므로 $Y \approx \Pi$라고 할 수 있지요. 또 『자본』 2권에서 마르크스가 단순재생산을 설명하면서 지적한 것처럼, 노예는 일종의 자본('말하는 도구')이므로 $N \equiv K$라고 할 수 있고요. 따라서 노예제의 역사동역학은 다음과 같습니다.

$$r \equiv \frac{\Pi}{K} \approx \frac{Y}{K} \equiv \frac{Y}{N}.$$

달리 말해서 노동생산성 Y/N가 핵심이라는 것인데, 그러나 이미 설명한 것처럼, 노예제는 물론이고 봉건제에서조차 노동생산성을 상승시키는 데는 한계가 많지요. 이런 이유 때문에 노예제의 역사동역학은 별로 의미가 없다는 것이 제 생각이에요.

중국노예제에서 왕조의 순환을 폭군과 요후(妖后, 요사스런 왕후)의 출현으로 설명하는 경우도 있습니다. 하왕조는 걸왕과 말희 때문에 패망했고, 상왕조는 주왕과 달기 때문에 패망했으며, 주왕조는 유왕과 포사 때문에 패망했다는 것이지요. 그러나 서아시아노예제에서는 왕조의 순환을 주로 정복전쟁으로 설명하는 것을 볼 때, 이런 설명은 아마 유가에게 고유한 것 같아요. 특히 말희·달기·포사는 소설가나 사학자가 창작한 팜 파탈(femme fatale, 요녀)일 따름인데, 좀 더 자세한 설명은 진건화·이사애의 『홍안화수』(紅顔禍水, 2010; 국역: 중앙북스, 2013)를 참고하세요.

— 봉건제적 농업과 자본주의적 농업의 차이에 대해 좀 더 자세하게 설명해주세요.

— 프랑스의 농학자 마조예(Marcel Mazoyer)와 루다르(Laurence Roudart)의 *A History of World Agriculture: From Neolithic Age to the Current Crisis* (Monthly Review Press, 2006 [2002])에 따르면, 유럽에서 봉건제가 성립하면서 쟁기와 소·말을 이용한 소농경제가 출현했지요. 시비법과 함께 상경법을 도입한 것은 산업혁명이 시작되기 직전인 18세기였는데, 이것을 보통 '1차 농업혁명'이라고 불러요. 그러나 이미 2000년 전에 중국에서 진한이 도입한 시비법과 상경법을 자본주의적 농업으로 간주할 수는 없지요.

보통 20세기의 '2차 농업혁명'이라고 부르는 것이 진정한 의미에서 자본주의적 농업이 출현하는 계기였습니다. 자본주의적 농업의 본질은 '농업의 산업화'에 있다고 할 수 있거든요. 좀 더 구체적으로 말해서 기계화와 녹색혁명이 결정적이었다는 것이에요. 화학비료와 살충제의 사용으로 시작된 녹색혁명은 급기야 유전자변형종자(GMO)의 사용으로 심화되었고요.

이 대목에서 19세기 영국자본주의가 결코 중국봉건제를 압도할 수 없었던 이유를 설명할 수 있습니다. 농업은 물론이고 산업도 그 정도로 발전하지는 못했거든요. 18세기 말 영국의 '1차 산업혁명'은 소모품인 면직물이 중심이었는데, 그러나 중국에게 개항을 강제한 다음에도 판매할 상품이 아편밖에 없었다는 것은 아주 상징적인 일이었지요. 20세기 초 미국의 '2차 산업혁명'이 필요했던 것인데, 그 대상은 자동차와 가전제품 같은 내구재였어요.

— 봉건제의 통사처럼 언젠가는 자본주의의 통사도 서술할 수 있을까요?

— 물론입니다. 『역사학 비판』에서 설명한 것처럼, 아리기의 작업이 이미 그 초석을 놓은 셈이거든요. 다만 그의 경제학적 개념이나 수학적 모형에 결함이 있기 때문에, 그로스만과 뒤메닐로 보충할 필요는 있지만요. 이런 관점에서 제시될 수 있는 미국자본주의의 역사에 대한 설명은 『일반화된 마르크스주의 개론』(공감, 2006; 개정판, 2008)을 참고하세요.

자본주의의 통사, 특히 20세기 미국자본주의의 역사와 관련하여 아리기와 홉스봄을 비교해볼 수 있는데, 양자의 차이는 역사동역학을 인정하는가 여부에 있습니다. 역사동역학을 기각하는 홉스봄은 '단기20세기'(1914/17년-1989/91년)를 설명하면서 미국과 소련의 냉전을 강조하는 반면 역사동역학을 채택하는 아리기는 '장기20세기'(1870년대-2010년대)를 설명하면서 미국의 축적체계를 강조한다는 사실에 주목할 수 있지요.

그러나 봉건제의 통사와 자본주의의 통사에는 아주 중요한 차이가 있습니다. 봉건제는 이미 완료된 역사인 반면 자본주의는 아직 완료된 역사가 아니거든요. 물론 자본주의의 붕괴가 이미 시작되었다는 근거도 많지만요. 어쨌든 자본주의는 통사의 대상이 아니라 당대사(contemporary history)의 대상이라고 할 수밖에 없다는 것이 제 생각이에요.

이 때문에 한국역사연구회의 『한국역사』가 1945-53년 이후 한국자본주의의 당대사를 통사에 포함시킨 것은 오류라고 할 수 있습니다. 게다가 사회성격 논쟁의 성과를 무시하면서 사회경제사가 아니라 정치사·운동사에 치중하는 결함도 있고요. 그 결과 식민지현대화론-중진국론이라는 낙성대학파의 비판을 자초한 것이에요.

— 당대사의 대상으로서 자본주의의 역사에는 정세분석도 포함되는 것인가요?

— 그렇습니다. 역사의 한 국면이 바로 정세인데, 당대가 어떤 국면인지 판단할 수 있어야 하거든요. 사실 자본주의론과 사회주의론을 대상으로 한 『역사학 비판』이나 『봉건제론: 역사학 비판』을 집필하게 된 직접적 계기는 『금융위기와 사회운동노조』(공감, 2008), 『2007-09년 금융위기』(공감, 2009), 『2007-09년 금융위기 논쟁』(공감, 2010), 『2010-2012년 정세분석』(공감, 2013)이라는 일련의 정세분석작업이었지요. 왕부지가 갈파한 것처럼, 역사적 우연을 통해 역사적 필연이 관철된다는 사실을 인식하는 것이 바로 지식인의 임무라는 것이 제 생각이에요.

중국사와 서아시아사

— 명청이 봉건제의 쇠퇴기가 아닌 이유를 좀 더 자세하게 설명해주세요.

— 명청이 봉건제의 쇠퇴기였다고 주장한다면, 지대가 조세와 일치한 영호제와 달리 지대가 조세와 분리된 지주전호제는 봉건제적 생산관계에 부적합했다고 주장하는 셈입니다. 그러나 이런 주장은 불합리한 것이에요. 봉건제적 생산관계는 대토지소유자로서 지주와 개인으로서 농민의 관계인데, 이런 농민은 농노일 수도 있었고 소작농일 수도 있었거든요. 지대와 조세의 일치 여부는 생산관계가 아니라 그것에 적합한 경제제도의 차이였을 따름이고요.

따라서 영호제와 지주전호제는 봉건제의 두 개의 순환이었다고 주장하는 것이 합리적이라고 할 수 있습니다. 달리 말해서 영호제는 전기 봉건제였고 지주전호제는 후기 봉건제였다는 것이지요. 또 영호제와 비교할 때 오히려 지주전호제에서 토지생산성이 크게 상승했다는 사실에 주목한다면, 전기 봉건제로서 영호제처럼 후기 봉건제로서 지주전호제에서도 성장기와 쇠퇴기를 구별할 수 있다는 것이 제 생각이에요.

『자본』 3권에서 마르크스는 봉건제를 설명하면서 노동지대가 생산물지대로 진화했다고 주장했습니다. 유럽봉건제에서 노동지대가 지배적인 것이 고전장원제였고 생산물지대가 지배적인 것이 순수장원제(또는 지대장원제)였던 반면 중국봉건제에서는 노동지대가 지배적인 것이 영호제였고 생산물지대가 지배적인 것이 지주전호제였지요. 물론 영호제와 달리 고전장원제의 존재에 대해서는 논란의 여지가 많지만요.

어쨌든 1930년대 소련의 경제사학자 코스민스키 이래 봉건제를 쇠퇴시킨 주요한 계기를 화폐지대에서 발견하는 것이 통설이었습니다. 노동지대와 생산물지대의 금납화/은납화(commutation)와 함께 자본주의의 맹아가 출현했다는 것이에요. 이런 맹아가 바로 소유자 겸 노동자로서 소상품생산자였는데, 영국의 요맨(yeoman) 같은 독립자영농이 그 대표자였지요. 독립자영농이 농촌매뉴팩처의 자본가와 노동자로 분해되어 자본주의로의 이행이 발생했다는 것이 자본주의 맹아론의 핵심이에요.

그러나 화폐지대의 성립과 자본주의의 맹아로는 중국사를 설명할 수 없습니다. 당황조의 양세법을 완성한 명황조의 일조편법과 청황조의 지정은세법은 지주전호제의 성장기에 적합한 조세제도였거든요. 게다가 이미 고염무가 비판한 것처럼, 중국 같이 화폐가 부족한 경우에는 화폐지대가 소작농에게 불리한 반면 오히려 지주에게는 아리기처럼 말해서 '벨 에포크'(belle époque)가 도래하는 계기였다고 할 수 있고요. 적어도 중국사에서는 화폐지대의 성립이 독립자영농이라는 자본주의의 맹아로 귀결되었다는 도식을 적용할 수 없다는 것이에요.

마르크스의 『자본』을 따라 『러시아에서 자본주의의 발전』(1899)에서 레닌이 체계화한 이런 도식에 대해서는 사실 유럽에서조차 여러 가지 반론이 제기될 수 있습니다. 농촌매뉴팩처 자본가의 기원은 독립자영농이 아니라 선대제 상인인 경우가 보통이었거든요. 또 농촌매뉴팩처가 반드시 기계제대공업으로 발전한 것도 아니었고요. 게다가 이런 도식은 봉건제에서 자본주의로의 이행에서 중상주의·식민주의가 수행한 결정적 역할을 간과했다는 결함이 있다고 할 수밖에 없어요.

— 그렇다면 백수이의 시대구분처럼 후외로의 시대구분에도 문제가 있지 않나요?

— 이미 설명한 것처럼, 후외로가 제시한 봉건제의 순환은 다음과 같습니다.

진한위진남북조(기원전 221-기원후 581): 봉건제의 첫 번째 순환
수당(581-907): 첫 번째 순환에서 두 번째 순환으로의 이행
송원명청(907-1840): 봉건제의 두 번째 순환

이런 시대구분의 핵심은 진한의 영호제가 위진남북조에서 쇠퇴했다는 주장과 송원의 지주전호제가 명청에서 쇠퇴했다는 주장에 있습니다. 그런데 전자와 달리 후자에는 이론의 여지가 있어요. 송원의 지주전호제를 완성한 것이 오히려 명청의 지주전호제였다고 할 수 있거든요.

따라서 다음과 같은 시대구분을 고려해볼 수 있습니다.

전국진한(기원전 403-기원후 196): 봉건제의 첫 번째 순환
위진남북조수당(196-907): 봉건제의 두 번째 순환
송원명청(907-1840): 봉건제의 세 번째 순환

이런 시대구분은 전국시대에 시작된 순환을 완성한 것이 진한의 영호제, 위진남북조에서 시작된 순환을 완성한 것이 수당의 균전제, 송원에서 시작된 순환을 완성한 것이 명청의 지주전호제라는 데 핵심이 있지요.

물론 세 개의 순환이 동일한 성격은 아니었다는 사실을 지적해 둘 필요가 있습니다. 지주의 존재형태에 주목할 때 세가지주가 지배한 영호제와 관신지주가 지배한 지주전호제는 안정적이었던 반면 문벌지주와 품관지주가 갈등한 균전제는 불안정적이었거든요. 따라서 두 번째 순환은 이행기적 성격이었는데, 문벌지주는 세가지주가 해체된 결과였을 따름이고 품관지주는 향신지주라는 대중적 토대를 확보하여 관신지주로 완성되어야 했기 때문이에요.

그러나 후외로의 시대구분과 비교할 때 이런 시대구분에도 결함이 존재한다는 사실에 주목할 수 있습니다. 전자는 각각의 순환의 성장기와 쇠퇴기를 구별하는 반면 후자는 그렇지 못하거든요. 따라서 다음과 같은 또 다른 시대구분을 고려해볼 수 있지요.

전국진한위진남북조(기원전 403-기원후 581): 봉건제의 첫 번째 순환
수당(581-907): 첫 번째 순환에서 두 번째 순환으로의 이행
송원명청(907-1840/1949): 봉건제의 두 번째 순환

전국시대에 시작된 첫 번째 순환의 쇠퇴기는 위진남북조였고, 송원에서 시작된 두 번째 순환의 쇠퇴기는 아편전쟁부터 중국혁명까지였지요. 성장기인 진한의 세가지주가 쇠퇴한 것이 위진남북조의 문벌지주였고, 역시 성장기인 명청의 관신지주가 쇠퇴한 것이 아편전쟁부터 중국혁명까지의 관료자본가였거든요. 저의 설명에 적합한 것은 사실 이런 시대구분이라고 할 수 있어요.

— 품관지주나 관신지주의 권리도 세가지주나 문벌지주의 권리처럼 특권이었다고 할 수 있지 않을까요?

— 현대정치의 이데올로기적 형태로서 '인권의 정치'를 설명하면서 발리바르가 강조한 것처럼, 평등을 부정하는 것이 귀족의 특권이었고 자유를 부정하는 것이 왕권이었습니다. 달리 말해서 귀족의 특권이란 '정치적 권력이 곧 권리다'라는 의미였고 왕권이란 '군주의 의지가 곧 법이다'라는 의미였어요. 그런데 세가지주나 문

벌지주 같은 귀족이 아닌 품관지주나 관신지주의 권리는 본질적으로 정치적 권력이 아니라 경제적 소유권이었고 그런 권리와 표리관계에 있는 것이 바로 신권에 의한 황권/왕권의 제한이었지요.

물론 관신·품관지주가 평등과 자유를 주장하면서 인권의 정치를 선취했다는 것은 아닙니다. 프랑스의 마르크스주의 철학자 비데처럼 '현대성의 메타구조'를 송원의 봉건제는 물론이고 이탈리아의 도시국가로 소급하는 것은 불합리한 일이거든요. 그가 말하는 현대성의 메타구조란 단순상품생산을 의미하는데, 이것을 자본주의적 생산이라는 의미에서 '자본주의의 구조'로부터 분리시킬 수는 없어요. 좀 더 자세한 설명은 『마르크스의 '자본'』을 참고하세요.

— 중국봉건제와 관련하여 문학의 진화에도 주목하신 이유는 무엇인가요?

— 『문학 비판』의 작업을 보충하려는 것이 일차적 목적입니다. 나아가 이전의 작업에서 주목한 바 있는 이탈리아 출신의 미국 마르크스주의 문학비평가 모레티(Franco Moretti)가 "The Novel: History and Theory"(*New Left Review*, July 2008)에서 제기한 '왜 소설은 중국에서 먼저 출현했음에도 불구하고 유럽에서 발전했는가'라는 질문에 대한 제 나름대로의 답변을 모색하기 위한 것이기도 하고요.

모레티는 이미 명황조에서 사대기서라는 정전(正典, canon)이 출현한 중국소설은 대중에게 너무 심각했기 때문에 발전하지 못했다고 주장합니다. 사상감정을 표현하는 시나 사(詞)와 경쟁하려면 그럴 수밖에 없었다는 것인데, 한 줄 걸러 주석이 달린 『삼국지연의』가 대표적이었지요. 반면 비극시를 대체한 19세기 유럽소설은 대중적 소일거리(Zerstreuung)로 성공했다는 것이고요. 그러나 바로 이런 동일한 이유 때문에 유럽소설은 결국 엘리트적 전위소설과 대중적 통속소설로 분화한 반면 중국소설은 사회주의 리얼리즘 소설로 진화할 수 있었다는 것이 제 생각이에요.

이 대목에서 시가 대표한 문학이 유가의 교양(Bildung)이었다는 사실을 지적해두겠습니다. 유학에 경학(수양학·경세학)이나 사학과 함께 사장학(詞章學, 운문·산문에 대한 학문), 즉 문학이 포함되기도 한 것은 이 때문이었어요. 보통 시서화(詩書畵, 문학·서예·회화)라고 했는데, 그 가운데 으뜸은 역시 시가 대표한 문학이었다고 할 수 있지요. 불교미술과 구별되는 유가미술로서 서예와 회화를 시라는 문학과 동격으로 격상시킨 소식의 주장에는 문제가 있다는 것이 제 생각이에요.

— 중국사에서 농민전쟁의 역할에 대해 좀 더 자세하게 설명해 주세요.

— 이미 설명한 것처럼, 토지생산성과 지대율의 하락에 따라 토지겸병이 심화되면서 농민전쟁이 발생했습니다. 그런데 농민전쟁이 지주의 양보를 쟁취할 수 있었다고 하더라도, 토지제도와 조세제도의 개혁을 추동한 것은 아니었지요. 농민전쟁의 구호가 진화해온 과정을 통해 이런 사실을 확인할 수 있어요.

진한교체기에 발생한 최초의 농민전쟁에서 진승은 상앙의 변법을 재확인했을 따름입니다. 또 율령을 단순화한 한고조의 약법삼장도 노예와 농민의 차이, 즉 생명을 비롯한 인신에 대한 농민의 최소한의 권리를 인정했을 따름이고요. 농민전쟁의 구호를 토지소유권으로 한 단계 발전시킨 사람은 물론 당황조 말기의 황소였는데, 이런 전통은 송황조 후기의 종상과 원황조 말기의 홍건군으로 계승되었습니다. 그러나 이미 지주전호제로 이행한 상황에서 이런 구호는 시의에 부적절했지요. 결국 명황조 말기의 이자성이 조세감면에 대한 요구를 최초로 제기했어요.

발리바르는 농민의 계급투쟁과 노동자의 계급투쟁의 차이를 설명하면서 전자는 장원/농장에 방화한 반면 후자는 공장을 점거한다고 주장한 적이 있습니다. 그런데 이런 주장에는 논란의 여지가 있다고 할 수 있어요. 유럽의 농민은 몰라도 중국의 농민은 단순한 파괴자가 아니었거든요. 물론 현대의 노동자가 공장을 점거하고 노동자연합/평의회를 건설하는 것도 아니지만요. 중국의 농민이나 현대의 노동자나 시의에 부적절한 경제투쟁에 몰두한다는 공통점을 갖는다고 할 수 있어요.

물론 봉건제에서 농민의 경제투쟁과 자본주의에서 노동자의 경제투쟁은 동일한 것이 아닙니다. 후자와 달리 전자에는 불가피한 측면이 있었는데, 사실 농민전쟁에서 종종 채택된 종말론적 이데올로기는 봉건제에서 자본주의로의 이행에 부적합했지요. 반면 노동자가 마르크스주의적 공산주의라는 이데올로기를 채택할 수도 있고요. 어쨌든 노예제는 물론이고 봉건제의 역사동역학에도 역사적 경향은 존재하지 않는 반면 자본주의의 역사동역학에는 역사적 경향이 존재한다는 차이에 주목할 수 있다는 것이에요.

— 중국사에서 화이관계에 대한 바필드의 설명은 어떻게 평가할 수 있을까요?

— 바필드는 화이관계의 관점에서 세 개의 황조순환을 발견합니다. 그러나 첫 번째 순환만이 표준적이었지요. 두 번째 순환에서 이미 변이가 발생했는데, 특히 황조의 쇠퇴기에 거란족의 요황조가 아니라 여진족의 금황조가 중원을 정복했거든요. 게다가 몽골족의 원황조가 중원을 정복한 다음 결국 중국을 통일했고요. 물론 중국사의 발전에는 거의 기여하지 못했지만요.

게다가 세 번째 순환은 더욱 특수했습니다. 황조의 성장기에 명황조는 조공책봉관계가 아니라 이이제이전략을 채택했거든요. 또 황조의 쇠퇴기에 만주족의 청황조가 중국을 통일하면서 중국사의 발전에 크게 기여했고요. 이 때문에 바필드의 도식처럼 청황조를 황조의 쇠퇴기로 간주할 수는 없다는 것이 제 생각이에요.

바필드의 설명은 물론 중국봉건제를 대상으로 한 것입니다. 먼저 노예제의 표준이라고 할 수 있는 서아시아사에 그의 도식을 적용할 수는 없는데, 유목민이 건설한 정복국가가 많았거든요. 또 봉건제의 경우도 이란족, 아랍족, 투르크족 같은 유목민이 정복국가를 건설하기도 했고요. 바필드가 강조하는 몽골족의 예외성은 중국봉건제에 국한된 사실이라는 것이에요.

— 중국사에서 화이관계와 관련하여 한민족의 역할은 어떻게 평가할 수 있을까요?

— 바필드는 전혀 언급하지 않고 있습니다. 고구려는 정복국가를 지향했는데, 그러나 북조를 창업한 선비족과 경쟁할 수는 없었지요. 고구려를 계승한 발해도 선비족의 후예인 거란족의 요황조에 의해 멸망했고요. 정착농경민적 성격이 강했던 한민족이 유목민적 성격이 강했던 선비족이나 거란족을 상대할 수는 없었거든요. 정착농경민적 성격이 약했던 여진족이나 그 후예인 만주족이었다면 몰라도요.

고구려가 아니라 신라가 삼국을 통일했다는 것은 역사적 사실입니다. 그럼에도 불구하고 신라주의를 폄하하고 고구려주의를 상찬하는 것은 비역사적 태도일 뿐만 아니라 일종의 자학사관이라고 할 수밖에 없어요. 어쨌든 신라가 삼국을 통일하고 고려와 조선이 조공책봉관계를 통해 중국에 대한 독립을 유지한 것이 한민족의 역사였습니다. 그런 과정에서 '중국문명의 한민족화'가 실현되었던 것이고요. 우리와 비슷한 처지였던 베트남에서도 과연 고구려주의와 신라주의 같은 논쟁이 있었을까 의문이에요.

— 중국사와 서아시아사를 비교하신 이유에 대해 좀 더 자세하게 설명해주세요.

— 먼저 노예제의 표준은 서아시아였던 반면 봉건제의 표준은 중국이었다고 할 수 있습니다. 이런 관점에서 비로소 노예제에서 봉건제로의 이행에서 서아시아의 특수성에 주목할 수 있는데, 경세학을 둘러싼 제자백가의 백가쟁명이 존재하지 않았고 따라서 상앙의 변법 같은 노예제의 봉건제적 변혁이 애당초 존재할 수 없었

다는 것이 핵심이지요.

나아가 서아시아에서 통일적 민족이 출현하지 못했다는 사실에도 주목할 수 있습니다. 기원전 8세기에 앗시리아에서 시작된 서아시아의 통일은 결국 기원전 6세기에 이란의 아케메네스왕조에 의해 실현되었지요. 그러나 마케도니아에 이어서 로마-비잔티움이 개입하면서 서아시아, 특히 이집트는 식민지로 전락하고 말았어요. 물론 이란의 파르티아-사산왕조가 로마-비잔티움으로부터 메소포타미아를 방어하는 데 성공했지만요.

기원후 7세기의 이슬람은 로마의 전통을 계승했습니다. 반면 이슬람에게 패퇴한 다음 비잔티움은 로마의 전통과 단절하고 수당과 유사한 봉건제를 도입했는데, 비잔티움을 정복한 오스만왕조에 의해 이슬람에도 부분적으로 봉건제가 이식되었지요. 그러나 무굴왕조의 인도는 봉건제를 이식하는 데 실패했는데, 힌두교와 카스트제도의 저항 때문이었어요. 따라서 인도사를 표준으로 아시아사를 설명하려던 마르크스의 시도는 애당초 불행한 일이었지요.

— 로마를 노예제가 아니라 봉건제로 설명하신 이유에 대해 좀 더 자세하게 설명해주세요.

— 로마는 조세로서 지대를 거의 모두 이집트를 비롯한 식민지에서 수취했습니다. 대신 이탈리아에서는 토지세를 면제했는데, 로마시민권의 핵심은 면세권이었지요. 바로 이것이 중국을 통일한 진한과 서아시아를 통일한 로마의 차이였어요. 로마에는 군현제·율령제나 영호제 같은 제도가 존재하지 않았는데, 그 결과 한족 같은 통일적 민족도 형성될 수 없었지요.

따라서 로마와 진한을 모두 제국이라고 부르더라도 그 차이에 대해 주목할 필요가 있습니다. 해외제국(overseas empire)인 전자와 국내제국(domestic/overland empire)인 후자를 구별해야 한다는 것이에요. 현대유럽사에서도 제국은 거의 모두 해외제국이었는데, 중남미를 지배한 스페인과 포르투갈, 인도네시아를 지배한 네덜란드, 인도를 지배한 영국이 그랬지요. 다만 미국이 북미를 지배하는 국내제국인데, 중남미에 대한 미국의 지배도 해외제국이라고 부를 수는 없다는 것이 제 생각이에요.

— 기독교나 불교 같은 종교처럼 유가사상이 전세계적으로 보급되지 못한 이유는 무엇일까요?

— 종교는 언제나 미신화될 수 있습니다. 한국사에서 불교나 기독교가 수용된 가장 큰 이유는 호국·기복신앙일 수 있었기 때문이지요. 반면 미신은 물론이고 종교와도 무관한 선진적 '계몽사상'으로서 유가사상의 핵심은 경세사학이에요. 삼국시대에 수입한 유가사상은 조선왕조에 와서야 통치이념이 될 수 있었는데, 그러나 경세사학은 수용하지 못했지요. 베트남을 논외로 하면, 이 정도만 해도 유례가 없는 일이었지만요. 통일신라 이후 한반도에서 분리된 일본은 유가사상을 통치이념으로 채택하지 못했거든요.

한국사

— 중국사의 세가지주나 관신지주라는 개념을 한국사에도 적용하시는 이유에 대해 좀 더 자세하게 설명해주세요.

— 예를 들어 한국자본주의를 분석할 때 재벌이라는 독특한 현상을 묘사하는 것만으로는 부족합니다. 먼저 마르크스의 『자본』은 물론이고, 19세기 영국자본주의의 개인기업이나 20세기 미국자본주의의 법인기업과 비교하면서 재벌을 논리적·역사적으로 개념화할 필요가 있거든요. 나아가 전전 일본자본주의의 자이바츠(財閥)나 전후 일본자본주의의 게이레츠(系列, 그룹)와는 어떤 관계에 있는지도 설명할 필요가 있고요. 재벌의 보편성과 개별성을 동시에 분석해야 한다는 것인데, 바로 이것이 한국사회성격 논쟁의 과제였다고 할 수 있지요.

한국사회사 논쟁에서도 마찬가지였다고 할 수 있습니다. 가장 큰 쟁점은 역시 백남운과 전석담이 아시아적 봉건제론의 근거로 제시한 『자본』 3권의 토지국유제론이었는데, 아이러니하게도 그것을 비판하면서 토지사유제론을 주창한 사람이 바로 김용섭 교수였지요. 반면 토지사유제론을 기각하고 토지국유제론을 부활시킨 것은 아시아적 생산양식론을 국가농노제론으로 해석한 나카무라 교수의 경도학파와 안병직 교수의 낙성대학파였고요.

한국역사연구회는 『한국역사』를 집필하기 위한 준비작업인 『한국중세사회 해체기의 제문제』에서 김 교수의 토지사유제론을 무비판적으로 수용하면서 백남운·전석담의 토지국유제론을 비판하고 있습니다. 그러나 별로 설득력은 없는데, 경도학파나 낙성대학파 이외의 토지국유제론, 특히 후외로와 백수이 같은 중국사학자의 토지국유제론에 대해서는 전혀 언급하지도 않거든요. 게다가 『자본』 3권의 토지국유제론을 희화화하고 있는데, 대학원생다운 치기의 발로라는 생각이 들어요.

토지국유제론의 입장에서 토지사유제론에 대해 비판해보겠습니다. 김용섭 교수는 저작집 8권인 『한국중세농업사 연구: 토지제도와 농업개발정책』(지식산업사, 2000)의 도론(導論)인 「토지제도의 사적 추이」(1981)에서 한국봉건제의 생산관계와 토지제도의 진화를 개관했지요. 통일신라 문벌지주의 농장제(農莊制)에서 유래한 지주전호제의 사유권이 역시 통일신라 세가지주의 녹읍제에서 유래한 전주전객제의 수조권을 대체한다는 것이 그 핵심이에요.

그러나 김 교수의 설명에는 결함이 있습니다. 먼저 전주전객제와 수조권을 동일시할 수 없는데, 중국봉건제에서 설명한 것처럼, 수조권은 전주전객제의 문벌지주가 아니라 영호제의 세가지주로 소급되기 때문이지요. 물론 지주전호제의 사유권을 문벌지주의 농장제로 소급할 수도 없는데, 바로 이 때문에 경도·낙성대학파의 비판을 자초한 것이에요. 물론 김 교수나 경도·낙성대학파나 한국봉건제와 유럽·일본봉건제의 차이에만 주목했고요.

반면 한국봉건제를 중국봉건제와 비교할 경우 통일신라의 녹읍제는 분봉제적 성격의 식읍제(채읍제)와 세가지주적 성격의 영호제의 절충으로 설명하고, 그런 녹읍제가 쇠퇴하면서 문벌지주의 농장제가 출현했다고 설명할 수 있습니다. 또 고려의 전시과제도는 문벌지주제와 품관지주제의 결합으로 설명하고, 조선 초기의 과전제는 품관지주제로 설명할 수 있지요. 조선 중후기의 지주전호제는 물론 관신지주제로 설명할 수 있고요.

물론 역사적 유비일 따름인데, 그러나 한국사를 좀 더 개념적으로 설명할 수 있다는 장점이 있습니다. 게다가 1000년에 걸친 한국봉건제가 2000년에 걸친 중국봉건제를 추격해온 과정을 일목요연하게 설명할 수도 있고요. 삼국과 통일신라는 전국진한위진남북조에 해당하고, 고려는 수당에 해당하며, 조선은 송원명청에 해당한다고 할 수 있거든요. 그럴 경우 통일신라를 전기 봉건제, 고려를 전기에서 후기로의 이행기, 조선을 후기 봉건제라고 부를 수도 있겠다는 것이 제 생각이에요.

— 김용섭 교수나 김 교수의 제자들이 한국통사를 집필한 적이 있나요?

— 없는 것 같습니다. 그렇다고 해서 한국역사연구회의 『한국역사』를 인정하는 것 같지도 않은데, 그냥 대학원생들의 '학술운동' 정도로 치부하는 것 같아요. 대신 김 교수는 『동아시아 역사 속의 한국문명의 전환: 충격·대응·통합의 문명으로』(지식산업사, 2008)에서 모종의 문명사적 관점을 채택하면서 한국문명의 전환 또는 세계화를 설명하고 있어요. 삼국부터 조선왕조까지 고조선문명과 중국문명을 통합한 것이 한국문명의 1차 전환·세계화였고, 개항 이후 서양문명도 통합한 것이 2차 전환·세계화라는 것이 핵심이지요. 그러나 세계사는 물론이고 중국·동아시아사에 대한 김 교수의 인식수준은 당황스러울 정도라는 것이 제 생각이에요.

— 한국의 성관은 고려왕조의 토성분정에서 유래한다고 하셨는데, 좀 더 자세하게 설명해주세요.

— 중국에서는 씨족공동체부터 상주까지 여자를 성(姓, 여자에게서 태어났음)으로 불렀고 남자를 씨(氏)로 불렀습니다. 그 후 성과 씨가 결합하면서 성은 부계혈통을 의미했고 씨는 그 지파(支派)를 의미했지요. 따라서 중국에서는 씨가 달라도 성이 같으면 혈족이었어요. 반면 고려왕조 이후 한국에서는 씨 대신 토를 사용했는데, 성이 같아도 토가 다르면 혈족이 아니었습니다. 토는 세거지(世居地, 대대로 살아온 거주지), 즉 본관(本貫)이나 관향(貫鄕)이라는 의미였거든요.

이미 인용한 이수건 교수의 『한국의 성씨와 족보』에 따르면, 본래 한국의 성관은 신라의 왕성(王姓)인 경주 박·석·김뿐이었는데, 통일신라에서 토성인 경주 이·최·정(鄭)·손·배·설과 김유신의 후예인 김해 김이 추가되었습니다. 고구려의 왕성인 고와 백제의 왕성인 부여는 소멸했고요. 따라서 그 밖의 성관은 거의 대부분 고려왕조의 토성분정에서 유래한 것이었다고 할 수 있지요.

중국의 성씨도 본래 왕후장상에 국한된 것이었습니다. 사마천이 『사기』에서 기록한 본기와 세가는 왕후장상의 족보였다고 할 수 있거든요. 예를 들어 상앙(商鞅)은 위 공족(公族)의 서자였으므로 위앙(衛鞅) 또는 공손앙(公孫鞅)이라고 불리다가 진효공에 의해 상군(商君)으로 책봉된 다음에 상앙으로 불렸던 것이지요. 중국의 성씨는 위진남북조를 거쳐 수당에서 보편화되었는데, 바로 이것을 고려왕조가 수입한 것이에요.

— 이영훈 교수와 달리 18세기는 토지생산성이 아니라 지대분배율이 하락하여 지대율이 하락했다는 주장도 있던데요.

— 이 교수도 물론 그런 주장에 대해 검토하고 있습니다. 또 자신의 연구는 논농사를 대상으로 한 것이고 밭농사에서도 동일한 결론을 도출할 수 있는지 여부는 추후의 과제로 유보하고 있고요.

그런데 만일 18세기에도 토지생산성이 상승했거나 적어도 하락하지는 않았다면, 삼남지방의 재지지주가 양전을 거부한 것은 더 큰 문제라고 할 수 있습니다. 이 때문에 영조와 정조가 그들을 토호로 간주하면서 향전을 전개했고, 그 결과 소작농에 대한 지주의 지배력이 약화되면서 지대분배율이 하락했다고 해석할 수도 있고요. 어쨌든 이런 논쟁은 16-17세기에 토지생산성과 지대율이 상승했다는 사실과는 별로 관계가 없어요.

— 한국유학사에서 리기(理氣) 논쟁을 무시하신 이유에 대해 좀 더 자세하게 설명해주세요.

— 별로 중요하지 않았기 때문입니다. 사실 중국유학사에서도 마찬가지였고요. 리기 논쟁은 송황조에서 유가사상이 철학화되면서 본격화되었는데, 왕부지가 정리한 것처럼, 그 쟁점은 보편성과 개별성의 관계였지요. 반면 인과관계라는 쟁점은 존재하지 않았고요. 인과관계는 물론이고 보편성과 개별성의 관계를 연구하려면 역시 아리스토텔레스와 헤겔에게 주목할 수밖에 없다는 것이 제 생각인데, 좀 더 자세한 설명은 『마르크스의 '자본'』을 참고하세요.

이렇게 이기 논쟁을 상대화할 수 있다면, 조선유학사에서도 역시 경세학이 핵심이었고, 그 정점에 이이의 경세학이 존재했다고 할 수밖에 없습니다. 그러나 중국유학사와 달리 이이의 학통이 계승되지 못했다는 데 조선유학사의 아이러니가 있었던 것이지요. 또 기호남인의 실학은 복고주의 역사관에 따라 정전제에 주목함으로써 이이의 경세학이 아니라 오히려 정도전의 경세학을 계승했다는 결함이 있었고요.

— 정전제에 주목했다는 사실만으로 기호남인의 역사관이 복고주의였다고 평가할 수 있을까요?

— 이미 설명한 것처럼, 송황조부터 정전제를 비롯한 토지제도의 개혁은 쟁점이 아니었습니다. 대신 소세세도의 개혁이 쟁점이

었는데, 왕안석이 주장한 신법은 당황조의 양세법을 개혁하려는 시도였지요. 그의 신법은 결국 명황조 장거정의 일조편법과 청황조 강희제의 지정은세법으로 실현되었고요. 이런 일련의 개혁은 지주전호제의 발전에 따라 인두세를 토지세로 환원하는 것이었는데, 이 때문에 왕안석이 주장한 바 있는 방전법에 따른 양전이 아주 중요했던 것이지요.

그런데 기호남인은 조세제도가 아니라 토지제도의 개혁에 주목하면서 주희조차 시의에 적절하지 않음을 인정한 바 있는 정전제를 그 기준으로 제시했습니다. 심지어 정약용은 정전제를 급진화한 여전제를 주장하기도 했고요. 물론 이런 결함은 고구려주의와 신라주의의 논쟁으로 한국사학사의 발전이 왜곡되었기 때문이기도 했는데, 최초의 정서체(政書體) 정사는 영조 때 홍봉한이 관찬한 『동국문헌비고』였거든요. 그러다보니까 한국사학사에서는 전장(典章)의 발전에 따라 역사가 진화한다는 관점이 애당초 존재할 수 없었던 것이에요.

반면 서인(노론)의 이단인 북학파의 비조는 박지원이었는데, 그들은 기호남인의 중농주의에 대한 대안으로 중상주의를 제시했습니다. 물론 농업을 무시한 것은 아닌데, 서유구의 『임원경제지』처럼 농법에 대한 관심은 존재했다고 할 수 있거든요. 그러나 조세제도는 물론이고 토지제도의 개혁에 대해서도 상대적으로 무관심했어요. 그들의 경세학은 실용주의적이었다고 할 수밖에 없는데, 따라서 박지원의 손자 박규수가 친미·친일개화파로 변신한 것은 별로 놀랄 일도 아니었지요.

실학파와 북학파의 후예라고 할 수 있는 최한기에 대해서도 간단하게나마 언급해두겠습니다. 서경덕에게서 유래한 기학을 집대성한 그는 기의 운화(運化, 목적론적 자기변화·운동)라는 사이비개념을 통해 새로운 문명개화의 방향을 제시할 수 있다고 주장했지요. 그러나 이런 시대착오적 역사관으로 진화주의 역사관을 대신할 수는 없었다는 것은 자명한 사실이에요.

— 조세제도의 개혁은 보수적·개혁적인 반면 토지제도의 개혁은 진보적·변혁적이었다는 주장도 있던데요.

— 역시 김용섭 교수가 그런 주장을 제기했는데, 전자는 지주의 이익을 대변한 반면 후자는 소작농의 이익을 대변했다는 것이었습니다. 또 전자와 달리 후자는 독립자영농이라는 자본주의의 맹아로 귀결될 수 있었다는 것이었고요. 김 교수의 저작집 2권인 『조선후기 농업사 연구(II): 농업과 농업론의 변동』(지식산업사, 2007)에 실린 「주자의 토지론과 조선후기 유자: 지주제와 소농경제의 문제」(1985)와 「조선후기 토지개혁론의 추이」(1989)를 참고하세요.

그러나 지주전호제의 출현은 토지가 이미 사유화되었다는 의미인데, 그런 상황에서 토지를 다시 국유화하여 균전제나 한전제를 통해 정전제를 부활시키자는 주장은 실행가능성이 없었지요. 게다가 그런 주장이 진보적·변혁적이었다는 주장도 불합리한 것인데, 신권주의가 아니라 오히려 왕권주의를 전제했거든요.

이런 맥락에서 영조와 정조의 탕평정치에 대한 오해도 불식시킬 필요가 있다는 사실을 다시 한번 강조할 필요가 있습니다. 나아가 탕평정치는 숙종의 환국정치의 귀결이었고 외척의 세도정치는 탕평정치의 귀결이었다는 사실에도 주목할 필요가 있고요. 왕권주의적 환국정치-탕평정치-세도정치의 전개가 신권주의적 붕당정치의 소멸과 표리관계에 있었다는 것이에요.

숙종부터 정조까지의 치세를 강희제부터 건륭제까지의 치세와 비교해볼 수 있을 것입니다. 두 치세의 시작은 인조의 반정 이후 51년과 누르하치의 건국 이후 45년이었는데, 시기도 18세기로 거의 일치했고 또 기간도 126년과 135년으로 거의 동일했어요. 그러나 강희제는 양세법을 개혁한 일조편법을 지정은세법으로 완성한 반면 숙종은 조세제도의 개혁에 필요한 양전조차 실패했지요. 청황조의 패망이 외압의 작용인 반면 조선왕조는 내홍으로 자멸했다고 해도 과언이 아니라는 것이 제 생각이에요.

'과천연구실 세미나'

01 (1995. 06.) 윤소영, 『마르크스주의의 전화와 '인권의 정치': 알튀세르를 위하여』 (문화과학사)

02 (1995. 11.) 에티엔 발리바르 (윤소영 옮김), 『마르크스의 철학, 마르크스의 정치』 (문화과학사)

03 (1996. 06.) 윤소영, 『알튀세르를 위한 강의: '마르크스주의의 일반화'를 위하여』

04 (1996. 08.) 루이 알튀세르 외 (윤소영 옮김), 『알튀세르와 라캉: '프로이트-마르크스주의'를 넘어서』

05 (1996. 12.) 윤소영, 『알튀세르의 현재성: 마르크스, 프로이트, 스피노자』

00 (1997. 05.) 메이너드 솔로몬 외 (윤소영 옮김), 『베토벤: '윤리적 미' 또는 '승화된 에로스'』 (공감예술신서 1)

06 (1998. 03.) 윤소영, 『일반화된 마르크스주의와 역사적 자본주의 분석』

07 (1997. 03.) 장 로블랭 외 (김석진·박민수 옮김), 『세계화와 신자유주의 비판을 위하여』

08 (1997. 09.) 뤼스 이리가레 외 (권현정·김수영·송영정·안주리 옮김), 『성적 차이와 페미니즘』

09 (1998. 04.) 조반니 아리기 외 (권현정·이미경·김숙경·이선화 옮김), 『발전주의 비판에서 신자유주의 비판으로: 세계체계론의 시각』

10 (1998. 09.) 다이앤 엘슨 외 (권현정·이미경·김숙경·이선화 옮김), 『발전주의 비판에서 신자유주의 비판으로: 페미니즘의 시각』

11 (1999. 06.) 윤소영, 『신자유주의적 '금융 세계화'와 '워싱턴 콘센서스': 마르크스적 비판의 쟁점들』

12 (1999. 11.) 이미경, 『신자유주의적 '반격' 하에서 핵가족과 '가족의 위기': 페미니즘적 비판의 쟁점들』

13 (2001. 02.) 윤소영, 『이윤율의 경제학과 신자유주의 비판』

14 (2001. 04.) 김석진·윤종희·김숙경·박상현, 『자본주의의 위기와 역사적 마르크스주의』

15 (2001. 07.) 윤소영, 『마르크스의 '경제학 비판'』(개정판, 2005. 02.)

16 (2002. 06.) 윤소영, 『마르크스의 '경제학 비판'과 소련사회주의』

17 (2002. 06.) 권현정·오현미·김숙경·정인경, 『마르크스주의 페미니즘의 현재성』

18 (2003. 02.) 윤소영, 『마르크스의 '경제학 비판'과 평의회 마르크스주의』

19 (2003. 07.) 권현정·오현미·이미경·김숙경·정인경, 『페미니즘 역사의 재구성: 가족과 성욕을 둘러싼 쟁점들』

20 (2003. 06.) 윤소영, 『마르크스의 '경제학 비판'과 대안세계화 운동』

21 (2003. 12.) 에티엔 발리바르 외 (윤소영 옮김), 『'인권의 정치'와 성적 차이』

22 (2004. 12.) 윤소영, 『역사적 마르크스주의: 이념과 운동』

23 (2004. 02.) 윤종희·박상현, 『마르크스주의와 정치철학 및 사회학 비판』

24 (2005. 01.) 윤종희·박상현·정인경·박정미, 『대중교육: 역사·이론·쟁점』

25 (2006. 04.) 제이슨 무어 외 (윤종희·박상현 옮김), 『역사적 자본주의 분석과 생태론』

26 (2006. 05.) 비센트 나바로 외 (송인주·이태훈·박찬종·이현 옮김), 『보건의료: 사회·생태적 분석을 위하여』

27 (2005. 08.) 윤종희·박상현·정인경·박정미, 『인민주의 비판』

28 (2006. 02.) 윤소영, 『일반화된 마르크스주의 개론』

29 (2007. 02.) 윤소영, 『일반화된 마르크스주의의 쟁점들』
30 (2007. 05.) 윤소영, 『일반화된 마르크스주의의 경계들』
31 (2007. 10.) 윤소영, 『헤겔과 일반화된 마르크스주의』
32 (2007. 09.) 앨리슨 스톤 외 (윤소영 옮김), 『헤겔과 성적 차이의 페미니즘』
33 (2008. 03.) 윤소영, 『일반화된 마르크스주의와 대안좌파』
34 (2008. 06.) 윤소영, 『일반화된 마르크스주의와 대안노조』
35 (2008. 10.) 윤종희·박상현·송인주·정인경·공민석, 『알튀세르의 철학적 유산』
36 (2008. 12.) 윤종희·박상현·송인주·이태훈·정인경·이현, 『화폐·금융과 전쟁의 세계사』

'공감개론신서'

01 (2008. 07.) 윤소영, 『일반화된 마르크스주의 개론』 (개정판)
02 (2008. 11.) 윤소영, 『금융위기와 사회운동노조』
03 (2009. 06.) 윤소영, 『마르크스의 '자본'』
04 (2009. 11.) 윤소영, 『2007-09년 금융위기』
05 (2010. 04.) 윤소영·윤종희·박상현, 『2007-09년 금융위기 논쟁』
06 (2011. 01.) 윤소영, 『현대경제학 비판』
07 (2011. 10.) 윤소영·박상현·이태훈·공민석, 『사회과학 비판』
08 (2012. 04.) 윤소영, 『역사학 비판』
09 (2012. 10.) 윤소영, 『문학 비판』
10 (2013. 03.) 윤소영, 『2010-12년 정세분석』
11 (2013. 10.) 윤소영, 『봉건제론: 역사학 비판』